大型煤炭集团产业协同的
机理模型及其实证分析

Theoretical Model and Empirical Analysis of
Industrial Cooperation in Large Coal Group

孙喜民　著

科 学 出 版 社

北 京

内 容 简 介

本书结合大型煤炭集团产业协同实践，在对文献分析研究的基础上，对煤炭产业与其他产业之间的关联性进行了投入产出分析，就多元化大型煤炭集团经营实践中的产业协同机会和收益进行了探讨，指出产业协同的协同学演化过程；以实际企业为案例，运用扎根理论构建了大型煤炭集团产业协同的理论模型，并基于上市公司年报数据，运用计量回归和广义超越成本函数的方法对该理论模型进行了验证；构建了大型煤炭集团产业协同的系统动力学模型，并就其演化关系展开了仿真研究，指明了大型煤炭集团产业协同的演化路径。

本书可作为产业协同理论研究的参考书，可为多元产业集团在转型升级中优化产业结构提供帮助，可为多元产业集团实现内涵式可持续发展提供支持。

图书在版编目(CIP)数据

大型煤炭集团产业协同的机理模型及其实证分析=Theoretical Model and Empirical Analysis of Industrial Cooperation in Large Coal Group/孙喜民著.—北京：科学出版社，2017.8

ISBN 978-7-03-053978-6

Ⅰ.①大… Ⅱ.①孙… Ⅲ.①煤炭工业–企业集团–产业发展–研究–中国 Ⅳ.①F426.21

中国版本图书馆CIP数据核字(2017)第169087号

责任编辑：陈构洪 刘翠娜 / 责任校对：桂伟利
责任印制：张 伟 / 封面设计：无极书装

科 学 出 版 社 出版
北京东黄城根北街 16 号
邮政编码：100717
http://www.sciencep.com

北京九州迅驰传媒文化有限公司 印刷
科学出版社发行 各地新华书店经销

*

2017 年 8 月第 一 版 开本：720×1000 1/16
2017 年 8 月第一次印刷 印张：8 3/4
字数：180 000

定价：88.00 元
(如有印装质量问题，我社负责调换)

序　言

21世纪以来，煤炭行业经历了高速发展的"黄金十年"，规模快速增长，集中度大幅提升，大型煤炭集团成为行业"中坚"。近五年的"急跌回调"、行业亏损，煤炭行业的多元产业支撑发展的作用更加引发人们关注。大型煤炭集团内部产业协同研究顺应了现实发展需要。

作者在煤炭企业工作20多年，经历了大型煤炭集团的组建、产业并购、快速发展及下行的全过程。立足岗位，着眼于行业发展大势，进行了大型煤炭集团产业协同研究。通过"投入产出"分析，研究了煤炭与相关产业关联的自然属性，可视之为实现协同的"根"。通过"扎根理论"这一质性研究方法，探究了煤炭集团发展多元产业的动因、方式、途径、效益的社会属性，把各具特色的产业实践，概念化为"方式—途径—效益"清晰的模式，总结为三类关联、四种效应、五类效益，形成了机理模型，实现了由理论到方法的转化，找到了实现协同的"理"。构建了符合产业实践的"协同度"评价指标，用大量翔实数据，证明了机理模型的科学性和实用性，把握了产业协同效益的"魂"。研究方法科学，逻辑严谨，数据翔实，是大型煤炭集团多元产业发展实践的一次理性思考与研究，实践应用性强。

当前，能源革命持续推进，结构调整加快。新技术、新模式、新业态催生技术耦合和产业融合，转型升级成为必然。煤炭产业传统的增量式发展空间有限，以清洁高效开发利用为目标的转型发展，既是我国能源转型发展的立足点和首要任务，更是大型煤炭集团当下必须做好，并支撑未来持续发展的大空间。参照作者的研究思路和机理模型，大型煤炭集团应该围绕煤炭这个产业基础和向客户提供能源的业务基础，着眼于实现绿色生产、清洁利用、集中使用，从全业务链、全价值链、全生命周期思考选择关联业务和关联产业，有序从单一生产型向协同经营型转变，从销售产品向与提供服务并重转变，从煤炭集团向综合能源集团转变，走一条关联转型、协同升级之路。愿刚刚实现产业多元化的煤炭大集团能够立足优势，适应变革，顺势而为！愿作者的研究能带给大家更多启示！

　　是为序，祝煤炭的明天更美好！

中国工程院院士、郑州大学校长：

2017 年 7 月

前　言

经过 2002~2012 年"黄金十年"的快速发展,我国主要大型煤炭集团均已实现了多元化集团式发展,未来的可持续发展很大程度上将依赖于如何发挥多元化产业协同的优势,最大限度地发挥协同效应,实现内涵式发展,这在煤炭产业不景气的今天具有格外重要的意义。但就国内外研究现状来看,产业协同理论的研究大多还停留在定性的概念分析阶段,一些产业协同的基本假设还不严谨,产业协同过程的分析也较为主观,系统性的产业协同研究还不成熟,针对特定行业的理论分析也不多见,这既限制了产业协同理论本身的发展,又不利于指导企业产业协同的实践。

针对上述理论和现实问题,本书构建了以下研究思路,即首先分析煤炭产业的关联特征,指明与煤炭产业所具有的多产业关联属性,并分析多元化煤炭集团内部的产业协同机会和潜力,然后构建产业协同的一般性机理模型,并对这一模型的科学性进行检验,指明煤炭集团实施产业协同的模式和路径。基于这种思路,本书设计了相关方面的研究内容,主要包括:分析煤炭作为初级资源产品,与国民经济其他产业部门之间复杂的投入产出关系,分析煤炭集团产业协同的机会和潜力;以实施多元化发展的样本企业——陕西煤业化工集团(以下简称陕煤化集团)为例,分析其多元化发展的历史进程及其中的 147 个关键事件,对其展开产业协同背景、动机、途径和效果的全面分析,构建煤炭集团产业协同的机理模型并进行饱和度检验;从横向、纵向和综合三个维度构建大型煤炭集团产业协同度指标,并基于 21 家煤炭上市公司的年报数据对它们的协同度进行评价,为实证分析奠定基础;建立多元化、产业协同和公司绩效之间的假设关系,并运用年报数据进行回归分析,检验假设是否成立,从产业协同与公司绩效角度检验机理模型的合理性;建立产业协同与范围经济、规模经济之间的数学模型,对其进行回归检验,从产业协同与协同途径角度检验机理模型的合理性;在机理模型得以验证的基础上,结合煤炭集团的经营业务关系,构建产业协同的系统动力学模型并以神华集团为例展开仿真分析,发现其产业协同演化的内部流程和实施途径,对不同情境下的产业协同效果进行仿真,从而为政策设计和管理实践提供依据。

围绕着上述研究内容,本书综合使用多种研究方法以保证研究过程的严谨性和研究结果的可靠性。利用投入产出方法分析煤炭产业与其他产业之间的关联性，并凭借价值链分析方法研究多元化企业内部的产业协同机会点和潜力；运用协同学方法研究煤炭集团产业协同的协同学过程，指明其演化机理和主要的序参量；运用扎根理论对陕煤化集团的 147 个关键事件展开系统性的科学分析，并通过开放性编码、主轴编码、选择编码和理论饱和度检验来构建煤炭集团产业协同的机理模型；构建协同度指标的客观评价方法，摒弃以往纯粹以层次分析和专家评价的分析方法，并运用上市公司数据进行核算，全景式地给出我国煤炭集团产业协同现状；运用回归分析方法对产业协同中的前提假设进行检验，并结合广义超越成本函数对产业协同与协同途径之间的关系进行检验，丰富和完善了产业协同理论；运用系统动力学方法构建煤炭集团产业协同系统，反映其内部复杂的产业协同要素的关联关系，并通过仿真分析给出了关键路径。

经由以上研究，本书发现煤炭产业与其他产业间存在着紧密的关联关系，具有通过产业协同发挥协同效应的客观优势，而经由市场协同、生产协同、采购协同等方式可以在企业内部实现广泛的产业协同；多元化产业协同的模式可以经由"关联方式—协同途径—协同效益"的分析框架来描述，关联方式包括业务、职能和政治三种，协同途径包括内部市场、循环利用、交易费用、资源共享、兼并重组等，协同效益包括分散风险、范围经济、规模经济和市场力量等。对上市公司协同度指标的分析表明煤炭集团在纵向产业协同上尚有较大潜力，而在横向产业协同上已经到达了瓶颈阶段，纯粹的规模扩张所起的边际效用已不大；在此基础上对产业协同与公司绩效、产业协同与范围经济和规模经济的定量分析支持了这个理论模型。进一步仿真分析表明煤炭集团各个板块的协同效应并不相同，铁路等板块的贡献更大，产业协同应该遵循煤铁、煤电、煤港和煤航这一路径。

与已有研究相比，本书的主要创新点有：构建出一个基于"产业关联—协同途径—协同效应"框架的产业协同机理模型，打开了产业协同机理的内部黑箱；定量化地实证检验了产业协同机理模型的正确性，推进了该理论的进一步科学化发展；研究了大型煤炭集团产业协同效果，给出了产业协同的演化路径。

目　　录

第1章 绪 论

1.1 研究背景和意义

1.1.1 研究背景

伴随着煤炭产业的"黄金十年",众多大型煤炭集团逐步发展为多元产业的大型煤炭集团。在这一进程中,既包括了以煤为基的紧密相关的多元产业,如煤电一体化、煤化工等,也包括一些非紧密相关的多元产业,如钢铁、航空、制药、酒店经营等。据 2013 年数据,全国 100 强大型煤炭集团的非煤产业收入 20623 亿元,比重首次突破 60%,这表明全国多数大型煤炭集团已形成"以煤为主,多元发展"的产业格局。这种多元化在分散经营风险、提高资源利用水平的同时,也对企业经营提出了巨大的挑战,例如,全国目前尚有三成企业非煤产业亏损,依赖煤炭主业"供血"生存。这在煤炭市场为卖方市场的前些年还可以勉强支撑,但当煤炭市场从 2012 年逐步转向买方市场后,这种风险更加凸显。面对这种困难局面,积极发挥多元化中的资源利用优势,通过集团内产业协同来实现可持续内涵式发展便成为大多数大型煤炭集团的战略选择。

但从实践来看,大型煤炭集团实现内部产业协同还面临着以下挑战。

第一,对相关多元化产业而言,大型煤炭集团围绕着煤炭开采主业,利用自身具备的生产条件、管理团队、技术条件和市场渠道将业务范围扩展到上下游产品,理论上具有较强的协同效应,但应该看到:①与电子产品制造等行业不同,煤炭及上下游产品的生产制造往往具有一定的专属性,并不能够简单地通过优化配置生产资料和工具设备来实现协同发展,达到降低生产成本的目的;②大型煤炭集团多元化大多是通过兼并重组方式实现的,不同产业的企业之间在地理上往往是高度分散的,传统意义上的因"空间聚集"所形成的产业集群协同效应并不完全适用,硬性地套用内部资源共享来实施协同的方式反而可能会增加运输经营成本;③煤炭及其关联产业多属资源型行业,产业发展较多地受到国家政策的规制,因此,在实践上有时很难达到理论上最优的规模匹配,如在煤电一体化领域,这也在客观上限制了协同效应的实现。

　　第二，对非相关多元化而言，多是在政府主导下，大型煤炭集团作为国有企业所应承担的社会责任而并入，并不一定存在理论上的协同效应。在这一过程中，企业失去了多元化发展方向的决策权，承担着公益性事业、社会稳定、人员安置和环境保护等社会责任，兼并的大多是一些投入产出低、回报周期长的基础设施产业项目，或濒临破产的困难、落后的产业项目，与煤炭主业的关联度并不大，客观上加大了大型煤炭集团实施产业协同的难度。即使是一些企业主动发展非相关多元化，如酒店、后勤产业等，也多是基于节约成本、安置员工的角度来考虑的，并没有翔实测算产业运营成本与收益之间的关系，与主业之间的关系也简单地以服务为主，缺乏更为有效的协同。

　　第三，大型煤炭集团也面临着多元化产业间协同的共性问题。例如，兼并重组过程中对这些产业的投资控股比例并不相同，控制力强弱不一，如何依据控股权重差异来重塑产业协同体系？兼并重组中不同企业的文化差异也使内部资源优化配置时带来人为制度上的障碍，在对集团利益缺乏统一认知的环境下，内部市场价格难以达成，内部结算迟缓延滞，产业协同可能会导致更高的内部交易成本；各产业都有着做大做强的冲动，但这并不意味着集团整体利益最优，如何科学控制各产业发展规模、优化产业结构也对决策者提出了挑战；此外，多元化带来了企业边界的扩张，引发了信息不畅、计划失衡、难以统筹等一系列管理难题，这种"规模不经济"现象也长期地困扰着企业。

　　虽然面临这些困难，一些大型煤炭集团还是在产业协同方面做出了可贵的探索，取得了骄人的成绩。例如，神华集团积极实施生产运营一体化模式，集矿、路、电、港、航、煤化工六大板块于一体，追求产业链式协同并取得良好的效果；同煤塔山循环经济园构建起"煤－电－建材"和"煤－化工"两条完整的产业链条，实现"吃干榨净"的煤炭开发利用协同模式，被认为代表着未来中国煤炭产业发展的方向；开滦集团依托自身区位和市场销售规模优势，将资源优势转化为优势资源，通过整合开发区域煤炭市场实现了新发展，这种以"多元协同促升级"的模式被业内称为"开滦模式"；陕煤化集团大力开拓内部市场，加强内部业务协同，以此来发挥多元化在资源优化配置上的优势。这些实践为大型煤炭集团实现产业协同起到以点带面的作用，但也应该看到，这些做法还相对零散、孤立和特质化，缺乏对业界更具普遍指导意义的完整系统的产业协同理论。为此，本书在大量现场调研的基础上，运用科学方法归纳、总结和提炼出煤炭行业一般性的产业协同理论，并构建产业协同评价的方法体系，为大型煤炭集团应对当前行业发展面临的这一紧迫问题提供理论指导。

1.1.2 研究意义

本书针对大型煤炭集团多元化发展中所遇到的突出问题，就多元产业间的关联性、协同机会和协同学过程进行理论分析，指明大型煤炭集团选择多元产业的思路和方向。在此基础上，运用扎根理论对某典型的大型煤炭集团展开案例研究，构建包括关联方式、协同途径和协同效益等三个维度的产业协同模式，在此模式下，进一步构建大型煤炭集团产业协同度，并对当前主要的大型煤炭集团产业协同度进行了评价。然后，进一步就大型煤炭集团产业协同和公司效益、协同途径之间的关系进行定量分析，发现前者的确对后者具有显著的贡献，并进一步应用系统动力学模式就大型煤炭集团产业协同的可行路径进行分析。

综上，本书的研究具有重要的理论和现实意义。

1)本书研究的理论意义

本书运用扎根理论方法构建产业协同的机理模型，包括关联方式、协同途径和协同效益等三个维度，其中，关联方式包括业务关联、职能关联和政治关联等三种关联方式，借助这些关联方式，多元化企业可以通过内部市场、循环利用、交易费用、资源共享、兼并重组、获取稀缺资源等多种协同措施在分散风险、范围经济、规模经济和市场力量等方面实现协同效应，进而在降低成本、获取利润和提升形象等方面体现出实实在在的利益。这一基于大型煤炭集团而构建的机理模型概括出了我国多元化企业实施产业协同的一般框架，具有重要的普遍性理论意义。

本书借助内部市场概念，构建出一个客观的有别于以往的产业协同度。以往的协同度的构建方法多借助于层次分析和专家打分法，其优点是反映的指标比较全面，能够全景式地概括出企业的协同程度，但缺点是主观性太强，得到的最终结果的指导意义不大。本书的协同度构建在不同产业之间的内部业务基础上，并通过权重参数来体现不同业务对协同度的重要性，从而为评价协同度建立了一种客观的方法，由此所得到的评价结果更具说服力和指导性。

本书基于构建的产业协同的机理模型和对我国主要大型煤炭集团的协同度评价结果，检验产业协同度与公司绩效、经济效益之间的相关性。以往对它们的相关关系的分析多停留在定性和直观的层面上，而本书的分析从定量层面对原有的假设进行检验，完善产业协同理论。

产业协同的路径问题一直讨论得较少。本书构建产业协同路径演化的系统动力学模型，用于反映多个产业之间复杂的相互关系，并论述如何通过产业协同的方式将整个产业整合起来，实现可持续发展。这一研究内容是对当前产业协同理论的重要补充和发展。

2) 本书的现实意义

本书紧密结合大型煤炭集团经营管理实践，针对企业实现多元产业发展后，效益却有所下降这一矛盾，提出提高产业协同实现可持续发展这一思路，并通过系统的分析和检验对这个思路进行科学验证，提出可行的实施路径，因此，具有较强的实践指导意义。

本书首先运用投入产出法对大型煤炭集团产业协同的可行性进行充分的分析，包括关联产业类型、关联程度等，指出大型煤炭集团产业协同具有较好的实施基础；然后对相关多元化和非相关多元化中的产业协同机会进行诊断和识别，包括市场协同机会、生产协同机会、采购协同机会和管理协同机会等，并对它们之间的协同学过程进行分析。这些分析结果对大型煤炭集团根据自身特征合理地选择产业、判断产业协同方式能够发挥重要作用。

以陕煤化集团为例所凝练出来的产业协同机理模型尤其具有实践指导意义。它将现实中杂乱纷纭的多元化产业之间的关系借助扎根理论予以归类、整理和总结，明晰关联方式、协同路径和经济效益之间的关系，非常有利于企业管理者形成整体性的产业协同思维，回答了现实中困扰他们的诸多疑惑，必将大大推进产业协同在多元化企业中的效用贡献。

在协同度评价及其与公司绩效、经济效应的分析中，本书对主要大型煤炭集团上市公司的历年资料进行细致的梳理，并运用回归计量方法进行分析，得到的结果对这些企业的经营实践也具有很强的指导意义。

在以神华集团为例的产业协同演化分析中，对煤电路港航这一经典的煤炭产业链进行评价，指出不同产业板块之间的关联关系和协同效果，为其他大型煤炭集团实施产业协同提供重要的借鉴意义。

1.2　国内外研究现状

1.2.1　产业协同理论研究综述

国内外的相关研究集中在产业协同内涵、产业协同效应、协同实施方式和协同效应评价等四个领域。

1. 产业协同内涵

产业协同理论可追溯至协同论[1]。协同概念最早由安索夫于 1965 年在《公司战略》一书中引入，认为协同是企业如何通过识别自身能力与机遇的匹配关系来成功地拓展新的事业。有些公司的战略可能不包含任何协同的因素，而另外一些公司则可能因为只有通过重组或管理重心调整才能实现协同，而决定放弃一部分联合的好处。协同可能存在于运营、投资或管理等活动中[2]，或来自于资产、知识和技能的共享[3]，通俗地讲，也就是所谓的"搭便车"，其经济学含义表明企业整体的价值有可能大于各部分价值的总和[4]。目前，国内外学者主要从系统论、集群理论、资源观三个角度对产业协同的内涵进行阐释。

首先，正式提出协同理论的德国物理学家赫尔曼·哈肯认为协同学是一种有着广泛应用前景的科学。协同学的词根最初来源于希腊文，表示在一定条件下，复杂系统的子系统能够经过非线性相互作用产生协同一致的现象，使得系统组成为一个具有特定功能的时间、空间和时空的自组织形式。基于系统论角度认为整个环境中的各个系统间存在着相互影响而又相互合作的关系，系统内部及各子系统之间处于相互适应、相互协作、相互配合和相互促进、耦合而成的同步、协作与和谐发展的良性循环过程[5]。它不是单个系统的事情，是一种整体性、综合性和内生性的聚合，是系统整体中所有子系统之间相互关联、作用的动态反映。徐力行等认为产业协同是在开放条件下，各产业子系统自发相互耦合，并通过协调合作在时间、空间或功能上有序结合的过程[6,7]；也有文献认为协同是指两个或多于两个的个体(也可称为子系统或业务单元)在任务、资源以及目标等领域的协调配合。

其次，基于企业与产业集群角度的研究认为产业协同是一种企业群整体的业务体现。它不同于各独立组成部分进行简单汇总而形成的业务表现，而是通过相关性、共享等方式联结起来的[8-10]，集群内的企业在生产、营销、采购、管理、技术等方面相互配合、相互协作，形成高度的一致性或和谐性[11]。

最后，产业协同从资源观角度看也可被称为产业共生，即一个产业的运行依赖于其他产业(传统上是分离的)先前所废弃的副产品(原料、能源和水)的存储、回收以及再利用[12]。20 世纪 90 年代，学者继续对协同的概念进行探究，进一步完善了这一概念的理论基础和实际应用方法，以资源的观点来解析公司涵义的学术理论日益变得举足轻重。这种理论认为，公司是由包括竞争力、知识、技能等一系列有形资产和无形资产组成的，对多元化公司唯一有效的战略就是培育具有竞争优势的资源，并使之在各下属企业里得以应用[13]。在管理科学领域，多元化公司寻求知识或技能共享的概念一直非常关键，它可以延伸到对公共设施的共享，如能源的生产以及污水处理[14,15]。

综上，产业融合、产业结构优化、产业联动及产业协同均有产业间关系动态演化的共性，但不同概念其研究背景、研究目标、研究重点等各不相同，如表 1.1 所示。

表 1.1　产业协同与相关概念的比较

	研究背景	研究目标	研究重点
产业融合	由于技术革新及管制放松，其与传统产业结合引发的产业边界的重新界定问题	增强企业自主创新能力及行业企业间的竞争合作关系	强调信息技术产业对传统产业的影响与作用，导致传统产业属性的改变
产业结构优化	在经济活动过程中由于技术经济联系所引发的产业间比例关系问题	通过对产业结构的分析和调整，使各产业达到协调发展的状态	注重产业间的比例关系，即产业发展形态，从而反映出产业间生产、交换、消费等方面的关系
产业联动	从区域和产业两个维度研究区域产业间的协作	推动经济的协调发展，打破区域和产业分割，引导生产要素合理流动	是对宏观经济系统中区域和产业间各种经济关联行为的抽象和概括
产业协同	多元化经济的发展，引发各产业子系统、产业间内外部资源及各产业价值链中的协调合作问题	合理共享或互补组合利用相关协同要素，促进企业、区域经济及宏观经济协调发展	强调资源、技术或生产经营过程中的相关协同要素的作用，反映出产业间关联协作问题

从表 1.1 可以看出，产业融合、产业结构优化、产业联动分别展现了宏观经济系统突出的产业边界、结构及关联行为的特征，而产业协同则以整个经济系统为对象，一方面体现为产业的空间及属性的变化，另一方面又体现为产业结构、资源整合及空间扩张等经济行为。所以，产业协同较其他概念具有更广泛的视角和内涵。

2. 协同效应界定与分类

大多数国内外学者都是从价值收益角度出发来界定协同效应的内涵，即一般将协同效应描述为 1+1>2 或 2+2=5，或整体价值大于单独各部分价值总和[16]，它是一个大于个体独立运作收益总和的收益，单纯依靠自身力量无法实现其额外价值[17]。这就是说通过协同作用可使各部分功能耦合成整体性功能[18]，从而使企业价值增加，比原来两个企业独立存在时曾经预期或要求达到的水平高出的部分。用公式表示为：$S = VAB - (VA + VB)$，其中，S 代表协同效应，VAB、VA、VB 分别为并购后联合企业的价值、并购前 A 企业的价值和并购前 B 企业的价值[19]。Sirower 将协同效应定义为：合并后的公司在业绩方面应当比原来两家公司独立存在时曾经预期或要求达到的水平高出的部分。如果收购方能够实现目标公司原先预期的业绩，则可以用以下公式表述并购战略的净现值：NPV＝S－P。其中，NPV 代表收购战略的净现值，S（synergy）和 P（premium）分别为协同效应和控制权溢价。可以看出，这种定义更加偏重于从增量角度来描述产业协同效应，凸显了产品溢价对产业协同所发挥的效应。

在协同效应分类方面，相关国内外文献的表述参差不齐，但也殊途同归。首先，公司利用协同效应可以实现各种各样的经营目标，所以一部分学者根据投资收益率公式中的元素将协同效应分为销售协同、运营协同、投资协同、管理协同[20]。考虑到企业作为一个开放复杂的大系统，由内部系统和外部系统组成，协同效应在广义上也可以分为内部协同效应与外部协同效应。

如果以企业整体运营大环境为主线，然后沿各主干具体分解，大体上可将协同效应分为生产经营协同效应（包括生产制造、原材料采购、存货管理、资源调度和仓储保管）、管理或合谋协同效应、财务或资产协同效应及技术协同效应。综合 Weston、Chatterjee 及朱正萱等的研究，内部协同主要是指增强企业复杂系统的各子系统之间的匹配，使之实现效应最优和系统的整体柔性，主要包括资源协同、组织协同、创新协同、采购协同、设计协同、生产协同和营销协同等，企业通过内部协同，可以使部门之间形成良好的合作与竞争，提高整体的运行效率和凝聚力，降低运营成本[17]。外部协同指企业同外部伙伴之间于共赢的基础上在战略层面上的互惠成长，是企业与外界的互动适应过程，即企业对外部环境变化做出敏捷和准确的反应；外部协同能够帮助企业分担投资风险，获得迅速发展的速度优势，共享技术和管理经验，有效防止恶性竞争[21-23]。

在生产经营协同效应层面，有学者认为其协同效应主要存在于生产流程过程中，包括共享采购零部件、管理库存和运输工具设施、运用一致的质量检测和控制体系，将全部和价值相关的生产活动进行共享，从而发挥出协同效应。

在资产协同效应层面，安索夫对于协同的定义既包括规模效益（也就是伊丹的互补效应），也包括对如技术专长、企业形象等无形资产的共享。而伊丹对协同的定义仅限于对隐形资产的使用，它承认互补效应和协同效应的并存，但将二者进行有效区分，认为这样会让管理者对创新技术、企业声誉等无形资产的价值和协同潜力有更充分的认知，要知道隐形资产是保持公司持续成长和长期繁荣的根本资本，所以这种区分是有意义的。邱国栋等从价值生成分析的角度基于企业资源的实体资产和隐形资产进行归类分析，有因实体资产和隐形资产共享或组合共用而节约成本或增值的共用协同效应或互补协同效应或整合协同效应，及基于未来投资收益的时序协同效应等[16]。

在技术协同层面，它是指对贯穿整个价值链的技术开发活动，以及与现有技术的共享所形成的协同效应，如现有技术、专利的共享，联合进行技术开发等[24,25]或关联带动协同效应[24]，基于供应需求链的内外部市场协同效应（市场协同是指对客户的发展，以及与客户进行业务往来有关的各种基本价值活动的共享所形成的系统效应，如共享品牌、共用销售渠道、共享市场信息等）或同步协同效应[16,26]，也包括 Martin 在生物燃料工业的协同效应研究中的基于产品与产业之间能量①流动协同效应[26,27]。

协同效应界定及分类研究表明，协同效应既可是集团内分工和专业化的前提，又可存在于集团内企业间竞争与互补的动态关系中[27]，Foss 等认为协同效应存在业务间的水平协同效应和各业务内部的垂直协同效应[28]、创新发展的学习协同效应和社会协同效应等[29]，并且在历史的演进中不断进行着演化[30]。

3. 协同机会与实现路径

实现协同效应是一个复杂的过程，其成功实施的重要基础是企业的多元化战略。有学者认为多元化企业实施产业协同可以给公司带来协同效应，从而扩大公司绩效，因此，产业协同是实施多元化战略的重要原因。有学者通过有形关联方法来说明通过业务行为共享是如何产生竞争优势的，并且对与此相关的成本做了分析；然后对在企业间可以实现共享的各种业务行为进行了探讨，指出了协同机会[31]，如就可能性而言，价值链中从元件制造到销售队伍管理之间的任何一种业务行为都可以被共享，任一鑫等对每一种业务行为都进行了仔细的分析，并且详细列出了在价值链的各个环节中可以实现共享的业务行为的主要类型、可以取得的竞争优势以及为了实现共享而必须要做出的妥协等[32,33]。在 20 世纪 70~80 年代，许多公司之所以在多元化战略方面遭受挫折，既不是因为公司对协同机会做出了错误的判断，也不是因为公司对协同的潜在效益过于乐观，而是因为公司从根本上就忽视了协同机会的存在[34]。在那段时间里，公司经理主要采用组合规划以及像波士顿咨询顾

---

① 这里的能量被归类为产品、废物或实用程序，因为一家企业的产品或废物可能成为另一家公司的原料。

问集团研究出来的那种成长与市场份额矩阵来进行战略研究，这些方法使管理者仅仅关注个别的业务单元的业务发展情况而忽略了公司整体业绩的提升情况，也因此经常做出错误的收购决策。许多企业虽然在被收购前看起来颇为诱人，但实际上在被收购后是不能与公司内的其他企业很好地配合运作的。正是从这个意义上讲，现代企业的协同机会和路径表现为各子系统相互协调、配合、相互促进，在局部表现为战略协同、供应链协同、技术创新协同、企业文化协同、物流协同等[35]。

从成功协同的机制上看，沟通、合作、协调是其三个基本要素[36]。客体之间相互有效的沟通是实施协同活动的基础，通过持续有效的沟通活动，它们才能了解和掌握产业协同的内容、状态和变化，为后续的应对措施做出准备。当前，计算机和网络技术非常发达，这为客体相互之间的交流和沟通提供了客观基础；与此类似，也有文献从信息角度认为在作业协同中，共享、响应和实时构成了成功协同的基本条件。共享能及时掌握协同内容的任何状态变化，及时将自身的变化信息共享给协同客体做到信息的共享，进而能够对协同内容的任何状态变动做出实时的响应，从而产生与协同主体协调一致的步骤[37]。上述过程如果从管控的视角看，又可划分为目标管理、沟通管理、资源管理和绩效管理四个环节，其中的资源管理是合作、响应和协调的产物[38]。

目前，国内外确认产业协同机会的模型主要关注两方面的内容：一是基于产业部门之间或生产系统流程间的相互关联性而出现的循环经济产业实现机会[39-42]；二是基于协同创新的技术实现机会[15, 43-45]，这是因为协同创新是促进产业发展的有效路径，因此需要从企业发展的动态维度进行协同创新技术等能力开发[46-50]。

具体来看，学术界提出的产业协同实现的建议与方法有很多，其中传统的协同实现方法包括共享技能、共享有形资源、协调战略、垂直整合、与供应商谈判、联合力量，以及刘光东等提及的通过政策扶持、技术可行、网络搭建、信息公开、加大研发投入、打破条块分割培育龙头企业等措施；此外董保宝等多位学者也建议进行产业结构的优化和体制机制的改革等策略[13,18,51-54]。但考虑到产业协同是不同主体在一个相互依存的生产过程环境中，进行不断竞争与合作的动态组合过程[55]，所以近年来国外一些学者如 Giurco 认为未来在实现产业协同机会时需要加强利益相关者的持续参与，以此平衡协调各主体之间的关系，保证产业协同的公平有效[56]。此外，也有研究对企业协同的形式进行了深度分析，把企业协同划分为个体理性区和群体理性区，分析了企业协同解的分布空间以及获得解的基本条件，为协同企业或者即将采用协同的企业提供了具体的策略指导建议[57]。

近年来对于产业协同实现方面主要表现在优化产业结构、优化供需价值链、制定可持续或并购发展战略、选择合作伙伴、进行产业创新、加速区域经济发展等方面[26,58-63]。

4. 协同效应度量

国外对协同效应的度量研究较少，多数是通过建立一些仿真模型或绩效指标对协同效应进行管理控制。Al 等以能源密集型的铝合金制造工艺链为例，建立了资源或其他能量流在生产流程中的过程模拟和工艺链仿真，以达到提高资源和能源使用效率的生产流程协同，同时也运用一些如交货时间、产品成本、能源及材料消耗等经济指标来衡量协同效应，并提出改进组织管理及改善工艺设计的措施[64-67]。此外，Homberg 等[39]在探讨企业并购中的协同效应时，运用荟萃(meta)分析方法通过相关性分析研究了业务、文化、技术和规模四种不同形式之间产生关联性的原因，结果表明业务和技术与收购整体表现呈正相关，文化和规模则与整体表现呈负相关，同时说明关联的协同效应依赖于行业、国家和投资者特征，并且每个关联维度对总体收购在技术转让与资源组合方面的影响也有所差异，需要采取相对应的不同绩效措施。其他一些国外学者使用财务指标如异常收益、财务绩效来评估协同效应。国内对协同效应度量的研究除建立测度模型，也运用各种指标体系和统计算法等方法，如顾菁等引用复合系统协同度模型对我国高新技术产业协同创新理论体系的要素和结构进行分析，通过引入复合系统协同度模型，即创新主体子系统和外部创新环境子系统，计算两个子系统的有序度及系统协同度来评价产业的协同度[44]。其他一些学者也建立了相应的协同度评价指标与模型，如陶长琪等在我国现行的企业绩效评价体系基础上，从财务效益状况、资产运营状况、偿债能力状况、发展能力状况四个方面选取绩效指标作为企业绩效系统的有序度模型，又从企业融合的角度选取技术人员比率、市场人员比率、费用比率、研发费用四个指标作为产业组织系统的企业融合系统有序度模型，最后结合两个系统模型建立了产业组织系统的协同度模型，计算出系统的有序度与协同度[68]。此外兰卫国等借鉴了曾珍香提出的描述系统间相互协调发展程度的状态协调度模型，建立多元化协同度测度模型，通过状态协调度来反映两个系统间的协同发展程度，当两个系统的协同发展函数值越大，两系统间的协同发展程度越高[69]。

综合以上研究，协同效应的度量总体上可分为协同关联程度和协同价值两个维度。在协同关联程度评价上，主要通过建立协同测度模型[20]，如利用灰色关联法计算产业关联度来判定三次产业之间的关联状况，并建立了向量自回归(vector autoregressive, VAR)模型来分析三次产业之间的相互作用[70]；设计了协同进程链仿真系统[40]；通过园区发展程度和港口功能强弱程度建立协同组合关系矩阵及评价协同效应的协同度指标值[71]。

1.2.2　大型煤炭集团产业协同研究综述

基于以上理论，有少量文献对大型煤炭集团的协同发展问题展开了初步研究。

李智[72]对大型煤炭集团发展多元化的必然性进行了论述，认为煤炭属高污染、高耗能产品，随着我国能源结构的调整和水电、核电、石油、天然气、太阳能等能源的大力推广应用，必然影响到大型煤炭集团的前景。煤炭作为传统产业，大型煤炭集团基于煤炭主业发展多元产业，意在培育新的发展点。这类研究为实施大型煤炭集团产业协同奠定了理论基础。

李英德等[31]以协同发展为理论指导，结合煤炭的行业特点，对大型煤炭集团协同发展的内容进行研究，建立一套大型煤炭集团协同发展体系。体系主要有生产与生态建设协同发展、生产与经营协同发展、生产与安全协同发展、煤与非煤协同发展、生产与外部协同发展、生产与文化协同发展、生产与创新协同发展七部分。认为其协同动力包括创新这一主动力和其他辅助动力，其协同机制是上述七个部分之间进行决策、组织、指挥、控制、协调、创新等的动态调控机制，具体为：煤与非煤协同是大型煤炭集团协同发展的核心，是大型煤炭集团能否持续发展的关键；生产与经营的协同是煤与非煤协同发展能否正常进行的关键；生产与创新协同为生产经营活动提供了动力；生产与安全的协同是大型煤炭集团煤与非煤生产经营目标实现的保障；生产与生态建设协同是提高资源利用率的方法和措施；生产与企业文化协同是提高职工素质、增加内聚力、鼓舞职工士气、形成竞争优势的有效途径；生产与外部协同发展是形成外部良好发展环境的保障。基于此，大型煤炭集团协同发展体系所发挥的功能包括：资源优化配置功能、成本-收益调节组合功能、调整功能、整合功能、控制功能、协调功能、创新功能和激励约束功能[31]。

张永国等[73]认为大型煤炭集团协同包括与所在区域的协同发展构筑和谐社区、与煤炭城市协同发展、与科研机构及相关院校协同、与传播媒介主办单位的协同发展、与需求及供应客户的协同发展、与投资合作伙伴的协同发展、与政府有关职能部门的协同等。其中,作者重点阐述了大型煤炭集团与煤炭城市协同发展,认为这又包括思想协同发展、城区规划协同发展、经济辐射协同发展、就业协同发展、转型协同发展、资源合理规划和集约经营协同发展、环境治理及资源二次利用协同发展,其中,思想协同发展是基础,经济辐射协同发展是关键。经济辐射效应依照强度大小分为较弱期、渐强期、顶峰期和衰退期,它们分别对应着城市发展阶段的形成期、成长期、成熟期和持续发展期。在较弱期,煤炭作为支柱产业尚未形成,城市工业基础薄弱;在渐强期,煤炭产业迅速成长,产业结构单一,综合发展程度低;在顶峰期,与煤炭产业相协同的产业发展较快,非煤产业也有所发展,城市工业发展水平快速提高;在衰退期,煤炭产业地位已微不足道,综合发展程度较高[73]。

袁迎菊等[74]基于协同创新理论研究了矿区资源配置模式。将矿区资源划分为矿产资源、科技资源、生态资源和土地资源。应按照统筹性原则、匹配性原则、集约性原则、生态性原则和前瞻性原则,在协同创新理念框架下,结合矿区资源类别,为更好地进行资源综合开发利用,实现资源优化配置,达到生态、经济、社会协同发展,大型煤炭集团需重视资源之间协同关系,实施"煤与非煤并重,生产、创新、生态协同发展"策略。进一步将大型煤炭集团的协同模式划分为煤炭加工转化型、节能综合利用型、自我服务型及煤与非煤相关型[74]。

1.2.3　研究不足及改进方向

综上所述,对产业协同相关问题的研究国内外许多学者已经提出了具有指导性的理论与方法,但是由于研究对象、样本、范围等不同,目前研究仍存在一些待改进的不足。

(1)从理论体系来看,现有研究还主要停留在概念辨识、协同原则、协同效应定义、分类及评价等局部现象的描述阶段,虽有少量文献涉及协同方式方面,但也只是提及资源共享、信息沟通和管理协调等一般性措施,缺乏具备实践操作价值的研究,尤其缺少对企业集团产业协同一般性机理的研究。产业协同的深层次动因有哪些?它是如何影响不同产业之间的关联方式?这些关联的重要性和大小如何评判?它们又如何从系统上涌现为整体的协同度?又如何循此设计产业协同的实现途径?这些尚未给予科学回答的产业协同机理性问题一直困扰着企业管理者,亟待予以从理论上加以解决。

(2)从研究深度上看,当前对产业协同的研究还停留在对表象的定性描述上面,一定程度上而言,在这种直觉层面所构建的理论还只是一个假设,需要对其进行实证检验，只有在确保理论与实践相一致的基础上，才有理由相信所构建的理论体系是科学的和可靠的。这样做的挑战在于，产业协同概念目前还相对笼统，所涉猎的研究范围还很宽广，导致很难找到一种科学的方法将产业协同加以量化并应用于实证分析，因此，需要对产业协同概念及其内涵进行凝练，提取出最能反映其本质涵义的变量并加以量化，然后再通过各种实证分析来对理论进行实践验证，这是推进产业协同理论走向科学化的正确道路。

(3) 从大型煤炭集团产业协同的研究现状来看，所收集的文献仍然没有逃出现有产业协同研究的局限性，也停留在概念、原则、类别和策略等一般性的表层介绍上，但在实践中，大型煤炭集团已经在多元产业的基础上大力发展了产业协同，但由于相关的理论基础薄弱和不成体系，无法有效地指导企业的经营实践，因此，大型煤炭集团实践也迫切地要求进一步对产业协同理论进行系统化研究，夯实理论基础并形成管理工具。此外，针对煤炭行业背景的研究结果还需要回答产业协同理论是否具有背景依赖性，及其煤炭企业实施产业协同的途径和效果，这在丰富理论的同时，也对煤炭行业内的企业管理具有重大实践指导价值，是未来研究的一大方向。

1.3　概念界定

1.3.1　大型煤炭集团

传统上，依据生产规模的不同，将我国煤炭企业中原煤年产量 1000 万吨以上的定义为特大型煤炭企业，300 万~1000 万吨的为大型煤炭企业，90 万~300 万吨的为中型煤炭企业，90 万吨以下的为小型煤炭企业。由于本书的研究目的是产业协同，其基础是多元化而非单一化，故将那些经营着两个或两个以上产业的，年产原煤 300 万吨的煤炭集团定义为大型煤炭集团，其也是本书主要的研究对象。

1.3.2　产业协同

产业协同是多元化企业发展战略的一种。实施多元化发展的一种优势是分散了风险且获取了多个机会点，但风险是企业的资金、人才和技术都将分散化，降低了企业的主打优势，且带来了多个产业规模化经营的 "X 非效率" 问题。产业协同就是针对后者而设计的，它提倡通过发挥不同产业之间的关联优势，取长补短，发挥"1+1>2"的互补效应，从而降低规模不经济的问题。

1.3.3　协同度

在协同学理论中，它被理解为形容系统内部有序程度的一项指标。由于本书以实证分析为主，故将其定义为衡量多种产业协同程度的度量方法。这种协同程度既可以是定性的，包括工作配合程度等，多用层次分析和专家打分法来衡量；也可以是定量的，多指业务之间的协同关系。考虑当前大型煤炭集团大力提倡加强内部市场一体化的现实，本书着重考察建立在内部业务关系上的协同度问题。

1.3.4　协同效应

协同效应也被定义为"1+1>2"效应，是实施产业协同的起始点和归宿点，指多元化企业将不同产业经由采购、生产、营销、管理等途径予以整合，使得有限的资源在集团内部得以优化配置，经由互补、共享等途径发挥出最大效应，从而降低了经营成本，提高了整体效应。探讨协同效应是否存在及其实现的路径是本书研究的重要目标。

1.4　研究内容和方法

1.4.1　研究内容

结合以上现实问题和理论研究的不足，本书设计了以下研究内容。

1. 大型煤炭集团产业协同的理论分析

第 2 章主要为大型煤炭集团实现产业协同的可行性进行一般性的理论探讨。作为一种初级资源性产品，煤炭产业与国民经济众多产业存在着较为紧密的关联关系，运用投入产出分析方法能够对这一关系进行定量的衡量，大型煤炭集团也据此实现了相关或非相关式的多元化发展模式，在不同的模式下，产业协同都有着各自的协同机会及其收益，并通过序参量来使规模化的大型煤炭集团处在一个较为稳定和谐的协同状态中。

2. 大型煤炭集团产业协同的机理模型

第 3 章意图抽象出多元化企业产业协同的一般性的理论模型。运用扎根理论方法，以陕煤化集团为例展开案例研究，深入剖析陕煤化集团多元化发展的历程、动机、做法、收益等多个方面的 147 个事件，然后基于主轴编码、选择编码等方法，形成概念和范畴，通过聚类分析在不同范畴间构建关联，形成关系，最终建立理论模型并进行饱和度检验。该模型的构建也为全书的研究打下了基础。

3. 大型煤炭集团产业协同度构建与评价

第 4 章对我国大型煤炭集团多元化涉及的主要产业进行聚类，并就它们的协同活动及其规模进行分析。在此基础上，从协同效应角度来客观地构建协同度，包括横向一体化下、纵向一体化下和综合的协同度，并基于 2010~2012 年煤炭上市公司的数据进行核算，根据核算结果就这些年间大型煤炭集团的协同情况进行分析和诊断。

4. 大型煤炭集团产业协同与协同效益

第 5 章试图检验大型煤炭集团实施产业协同后是否真的对公司绩效有所贡献。基于"多元化—产业协同—公司绩效"这一框架，构建多元化与公司绩效正相关、业务协同与公司绩效正相关、职能协同和公司绩效正相关等多层次假设，并基于上市公司的实际数据对各种假设进行检验，最终回答传统定性式的假设是否能在定量层面上给予验证，也是对理论模型的一部分进行检验的过程。

5. 大型煤炭集团产业协同与协同途径

第 6 章意图检验大型煤炭集团实施产业协同后是否真的对范围经济和规模经济有所贡献。前者比较同一企业生产两种(或多种)产品和多家企业分别生产这些产品对经营成本的影响问题，后者则通过考察产量增加对企业运营成本的影响。拟选用广义超越对数成本函数对大型煤炭集团的范围经济和规模经济进行检验，检验结果一方面对大型煤炭集团这些年来的产业协同实施效果给予回答，另一方面也是对本书所构建的协同理论模型的检验。

6. 大型煤炭集团产业协同的演化系统

多个产业之间的协同关系较为复杂，有必要对其演化路径展开深入研究。第 7 章将多元化的大型煤炭集团看作一个大系统，遵循科斯的交易费用理论来定义企业成长边界，从而从系统动力学角度明晰主要的因果关系，并在此基础上进一步构建出完整的大型煤炭集团协同的系统动力学模型。以神华集团为例展开仿真分析，给出神华集团的产业协同关系和实施路径，这对大型煤炭集团实施产业协同战略具有重要的启示意义。

1.4.2　拟解决的关键问题

本书紧密结合大型煤炭集团产业协同实践，综合采用多种研究方法，回答大型煤炭集团产业协同的模式、路径和效益。解决的关键问题如下所示。

(1)大型煤炭集团产业协同机会的识别。既在中观层面上运用投入产出分析方法阐明煤炭产业与其他产业间紧密的关联关系，又在微观层面上结合企业业务流程解释经营实践中的协同机会。

(2)构建大型煤炭集团产业协同的机理模型。长期以来，对产业协同模式的研究结论比较离散，本书将运用扎根理论方法，通过对陕煤化集团业务的系统分析，构建出一般性的产业协同模式，具有重要的理论意义。

(3)评价我国大型煤炭集团的产业协同度。这尤其对当前我国煤炭集团的经营实践具有指导意义，因为加强产业协同已经成为大型煤炭集团的共识，但都比较主观，本书将首次定量地对此进行描述并予以比较分析。

(4)实证检验产业协同与公司绩效的关系。理论界对此问题的探讨一直停留在主观认知层面，认为产业协同效应必然存在，并成为企业实施产业协同战略的前提假设。本书认为产业协同存在着成本、风险等问题，需要在实证上予以检验和回答，是对当前产业协同理论的完善和拓展。

(5)实证检验产业协同与范围经济和规模经济的关系。这也一直是产业协同理论所认定的协同效应的主要体现，但定量的实证研究没有发现，本书拟以大型煤炭集团为例进行实证分析，具有理论和实践双重指导意义。

(6)构建大型煤炭集团的产业协同系统与演化路径。对这一问题的回答将在理论上系统地解释大型煤炭集团是如何一步步地发展起来的，本书将以神华集团为例展开仿真分析，并通过仿真结果的讨论回答这一问题。

1.4.3　研究技术路线及方法

本书通过规范分析和实证分析相结合，重点构建产业协同的理论模型，并对该模型的科学性进行实证检验。所采用的研究方法包括：①文献研究。对国内外学术界的多元化理论、产业协同理论、规模经济理论、范围经济理论等相关内容进行梳理总结，结合大型煤炭集团多元化经营的实践做法，构建产业协同分析的理论框架和研究方法。②规范分析。首先运用投入产出分析法研究煤炭产业与其他产业之间紧密的投入产出关系，为全文分析奠定客观基础；然后运用价值链分析方法，就经营实践中的产业协同机会进行诊断和识别；在此基础上，运用案例分析和扎根理论方法，构建产业协同的理论模型。③实证方法。运用煤炭上市公司数据对上述理论模型进行分步骤验证，包括运用计量经济模型验证产业协同与公司绩效之间的关系，运用广义超越成本函数验证产业协同与经济效应之间的关系，这是检验本书理论模型科学性的重要步骤。④仿真分析法。运用系统动力学模型来构建大型煤炭集团产业协同系统，并以神华集团为例对其展开仿真分析，回答大型煤炭集团产业协同的演化机制和路径。

基于以上分析，可以看出本书研究的技术路线如图 1.1 所示。

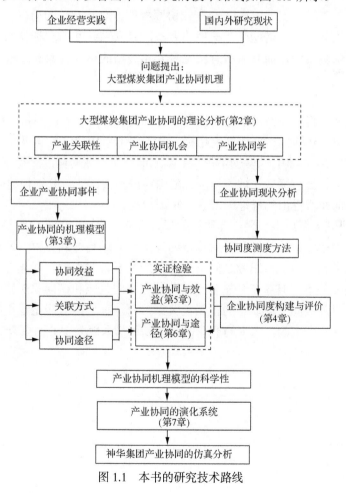

图 1.1　本书的研究技术路线

1.5　主要的创新点

本书基于我国大型煤炭集团多元产业协同的实践,综合运用多种理论和方法构建其一般性的协同模式,指明大型煤炭集团实施产业协同战略的步骤和方法,具有重要的理论和现实意义。与已有的研究文献相比,本书的创新之处主要包括如下几处。

(1)构建出一个基于"产业关联—协同途径—协同效应"框架的产业协同机理模型,打开产业协同机理的内部黑箱。以陕煤化集团为例,对其成长过程进行深入剖析,整理出 147 个产业协同事件,对其背后的动机、方式和效果进行理论分析,并借助于扎根理论方法,建立系统性的理论体系,不仅适用于大型煤炭集团,而且对所有实施多元化战略的企业都具有一般性的指导意义。

(2)定量化地实证检验产业协同机理模型的正确性,推进该理论的进一步科学化发展。将产业协同界定为横向产业协同和纵向产业协同两个维度,基于管理费用构建横向产业协同度指标,基于内部市场交易构建纵向产业协同度指标,对 2010~2012 年三年间的 21 家上市公司产业协同度进行了评价,并将评价结果与公司绩效、规模经济、范围经济等关键变量分别构建回归计量模型,对前面所提出的机理模型进行实证检验。

(3)研究大型煤炭集团产业协同效果,给出产业协同的演化路径。考虑到产业协同的行业依赖属性,针对特定的煤炭行业进行深入分析,发现大型煤炭集团的多元化与公司绩效之间没有显著的关系,非相关多元化与公司绩效间呈负相关关系,但存在着显著的纵向业务协同效应和横向职能协同效应,它们与公司绩效间呈现显著的正相关关系,而这种协同效应是经由规模经济和范围经济所产生的,未来的产业协同将以运输系统为中心而展开。

第 2 章　大型煤炭集团产业协同的理论分析

2.1　煤炭产业的关联性分析

2.1.1　煤炭产业链及其协同

作为一种资源性产品,煤炭产业的显著特征之一是它与国民经济各部门间存在着显著的关联效应,这也是大型煤炭集团实施多元化战略和产业协同的重要理由。煤炭产业是我国的基础产业,拥有我国经济发展不可或缺的资源,也有着较长的产业链结构,其上游行业主要涉及矿区建设、井下建设等,包括通信设备、计算机及其他电子设备制造业,通用、专用设备制造业,电气机械及器材制造业,交通运输设备制造业,建筑业,水的生产和供应业。下游行业主要包括电力、热力的生产和供应业,化学工业,金属冶炼及压延加工业,石油加工、炼焦及核燃料加工业等。这一产业链的延伸发展依赖于大型煤炭集团不断地对煤炭资源进行有效的开采、开发和深加工利用,从而提高煤炭资源的利用率。煤炭行业与其上下游行业均有着密切的联系,尤其是下游行业,电力、钢铁、建材、化工等产业均是耗煤大户,这些行业对于煤炭行业的需求达到了煤炭总需求的 80%。鉴于煤炭行业与其他行业的密切关系,煤炭产业应该进一步挖掘煤炭产品的价值,延伸煤炭产业链,实施产业协同,从而增加大型煤炭集团的经营业务,提高企业利润。煤炭与其上下游行业的相关关系体现在图 2.1 中。

协同是综合地考察系统内部子系统之间进行竞争、合作等产生的协同效应。子系统从无序向有序、从不稳定向稳定转换的过程称为自组织过程。哈肯认为,自组织系统演化的动力不是外部因素,而是由内部子系统之间的竞争、合作实现的,最终形成一种总的趋势,促使系统达到有序的状态,即实现自组织过程。煤炭产业实现产业协同的过程也是类似的,对于大型煤炭集团而言,通过实施产业协同,大型煤炭集团发展煤炭产业与其他关联的产业,如通用、专用设备制造业,电气机械及器材制造业,建筑业,交通运输设备制造业等,才能充分利用企业的剩余资源,化解经营风险,增强大型煤炭集团竞争力。不仅如此,煤炭行业的发展可以在较大程度上带动其相关行业的发展,而其相关行业的发展又进一步带动了煤炭行业的发展。因此,大型煤炭集团有必要实现产业协同。

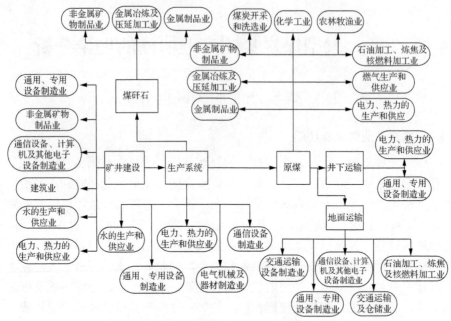

图 2.1　广义煤炭产业链的构成

2.1.2　分析方法与数据

本章的分析采用了投入产出技术，通过编写投入产出表，并基于线性代数理论来构建数理模型，揭示出国民经济不同部门和再生产环节间的客观关联关系，尤其是针对国民经济各个部门在产品间生产和消耗之间的数量依存关系。其中，投入是指一个系统进行某项活动过程中的消耗，包括各种实物产品以及劳务的消耗。产出指的是系统开展某一项生产活动的结果，如生产系统的活动结果是其中不同部门所生产的产品总和，包括服务。

本研究的投入产出表为静态价值型投入产出表，如表 2.1 所示。从水平方向将投入产出表分为最终需求和中间需求，并从垂直方向分为最初投入和中间投入，二者之间相互纵横交错，将表分为四区间象限，其中，中间需求和中间投入的交叉部分为第 I 区间象限，描绘了国民经济不同部门之间的投入产出关系，称为中间消耗矩阵，也是投入产出表中极为重要的象限。其中 z_{ij} 表示该象限中第 j 个部门对第 i 个部门所生产产品的直接消耗量。第 II 象限由中间投入和最终需求交叉组成，也被称为最终需求矩阵，它由不同经济部门所组成的行和最终需求类型所组成的列构成。第Ⅲ象限由最初投入和中间需求两部分交叉组成，称为最初投入矩阵。第Ⅳ象限为再分配象限，由于国民生产的再分配过程比较复杂，一般不考虑该象限。

表 2.1　静态价值型的投入产出表

投入 ＼ 产出		中间需求				最终需求			总产出
		1	2	…	n	消费	资本形成	净出口	
中间投入	1								
	2	Ⅰ				Ⅱ			x_i
	⋮	z_{ij}				f_i			
	n								
最初投入	固定资产折旧								
	从业人员报酬	Ⅲ				Ⅳ			
	生产税净额	v_j							
	营业盈余								
总投入		x_j							

表 2.1 中，行向维度的平衡关系：最终需求+中间需求=总产出（总产品）。列向维度的平衡关系：最初投入+中间投入=总投入。按照这种行列平衡关系，可以建立如下的平衡关系等式：

$$\begin{cases} \sum_{j=1}^{n} z_{ij} + f_i = x_i \\ \sum_{i=1}^{n} z_{ij} + v_j = x_j \\ \sum_{i=1}^{n} x_i = \sum_{j=1}^{n} x_j \end{cases} \quad (2.1)$$

式中，$i,j=1,2,\cdots,n$；z_{ij} 表示第 j 个部门对第 i 个部门所生产产品的直接消耗量；f_i 表示第 i 个部门的产品作为最终需求的数量；v_j 表示第 j 个部门的增加值数额；x_i 表示第 i 个部门的总产出；x_j 表示第 j 个部门的总产出。

定义 $a_{ij}=z_{ij}/x_j(i,j=1,2,\cdots,n)$，其中 a_{ij} 表示第 j 个部门所生产的单位产品对第 i 个部门的直接消耗情况，将它称为第 j 个部门对第 i 个部门的产品直接消耗系数，用矩阵 A 表示多个部门之间的直接消耗系数 $a_{ij}(i, j=1,2,\cdots,n)$。间接消耗系数和直接消耗系数之和为完全消耗系数，其矩阵 B 的公式为：$B=(I-A)^{-1}-I$，其中，I 是单位矩阵，A 为上面的直接消耗系数矩阵。

定义 $h_{ij}=z_{ij}/x_i$ $(i, j=1,2,\cdots,n)$，其中 h_{ij} 表示第 i 个部门的单位产出中第 j 个部门所能分配到的产品份额，也称为产出系数。n 个部门间的直接分配系数 $h_{ij}=(i, j=1,2,\cdots,n)$ 可以用矩阵 H 表示。完全分配系数是指直接分配系数和间接分配系数之和。根据投入产出模型，完全分配系数矩阵 G 的计算公式为：$G=(I-H)^{-1}-I$，与上面类似，I 是单位矩阵，H 是直接分配系数矩阵。

在完全消耗矩阵 B 中，可以得到某一行业对于其他行业的完全消耗系数，同理，在完全分配系数矩阵中，可以得到其他行业对于某一行业的完全分配系数。通过这些系数的变化可以得到某一行业与其他行业的关联情况。同步关联正向协同是指完全消耗系数(或完全分配系数)的变化与该行业的发展情况同步变化，即当该行业发展较好时，完全消耗系数(或完全分配系数)呈现上升趋势，当该行业衰落时，这些系数呈现下降变化。除此之外的情况可以称为松散非协同型产业，即完全消耗系数(或完全分配系数)的变化与该行业的发展不呈现同步变化。

本研究以我国 2002 年的 42 部门、2005 年的 42 部门、2007 年 42 部门及 2010 年的 41 部门共 4 张投入产出表为样本展开分析，数据来源于中国投入产出学会网。通过四张投入产出表的计算，分别得到煤炭行业上游行业的完全消耗系数和下游行业的完全分配系数，结果分见表 2.2 和表 2.3。

表 2.2　2002~2010 年煤炭行业主要上游行业的完全消耗系数(按平均值排序)

排名	名称	2002 年	2005 年	2007 年	2010 年	平均值
1	通用、专用设备制造业	0.0748	0.0883	0.1288	0.1306	0.1056
2	电气机械及器材制造业	0.0418	0.0739	0.0584	0.0500	0.0560
3	通信设备、计算机及其他电子设备制造业	0.0331	0.0523	0.0422	0.0311	0.0397
4	交通运输设备制造业	0.0320	0.0404	0.0425	0.0393	0.0386
5	建筑业	0.0067	0.0079	0.0032	0.0032	0.0053
6	水的生产和供应业	0.0030	0.0042	0.0033	0.0019	0.0031

表 2.3　2002~2010 年煤炭行业主要下游行业的完全分配系数(按平均值排序)

排名	名称	2002 年	2005 年	2007 年	2010 年	平均值
1	电力、热力的生产和供应业	0.0508	0.0508	0.0537	0.0568	0.0530
2	金属冶炼及压延加工业	0.0324	0.0324	0.0318	0.0424	0.0348
3	石油加工、炼焦及核燃料加工业	0.0275	0.0275	0.0335	0.0447	0.0333
4	交通运输及仓储业	0.0240	0.0240	0.0299	0.0430	0.0302
5	金属制品业	0.0243	0.0243	0.0289	0.0410	0.0296
6	化学工业	0.0173	0.0173	0.0184	0.0271	0.0200
7	燃气生产和供应业	0.0085	0.0085	0.0198	0.0210	0.0145
8	非金属矿物制品业	0.0122	0.0122	0.0115	0.0154	0.0128
9	农林牧渔业	0.0040	0.0040	0.0078	0.0132	0.0073

对于煤炭行业而言，相关性较强的上游行业主要有通用、专用设备制造业，电气机械及器材制造业，交通运输设备制造业，建筑业，通信设备、计算机及其他电子设备制造业，水的生产和供应业等。根据按平均值排序的结果可知，与煤炭业关系最强的上游行业是通用、专用设备制造业和电气机械及器材制造业，其平均值分别达到了 0.1056 和 0.0560。主要原因在于矿井下的建设对于安全性要求很高，尤其是一些防爆装置以及监测装置如防爆灯、防爆开关等，同时，矿井对于部分专用设备的依赖程度较高，如采煤机、刮板输送机、液压支架、瓦斯传感器、电磁辐射检测仪等。此外，为了确保井下人员的安全以及通信方便，矿井一般使用井下人员专用定位系统和矿用电话等，这使得煤炭行业与通信设备、计算机及其他电子设备制造业的关系也更加密切。相比较而言，交通运输设备制造业、建筑业以及水的生产和供应业的完全消耗系数较低，煤炭业对这些行业的依赖分别体现在煤炭的运输、矿区的建设以及煤炭开采过程中的用水等方面。

煤炭行业的主要下游行业包括电力、热力的生产和供应业，金属冶炼及压延加工业，石油加工、炼焦及核燃料加工业，交通运输及仓储业，金属制品业，化学工业，燃气生产和供应业，非金属矿物制品业，农林牧渔业等。我国的能源格局主要依靠煤炭，这是由我国的自然资源禀赋决定的。煤炭在发电、发热、金属冶炼等方面发挥着至关重要的作用。因此，电力、热力的生产和供应业以及金属冶炼及压延加工业对于煤炭最终产品的分配系数值最高，这些行业与煤炭行业的关系也最为密切。此外，石油加工、炼焦及核燃料加工业对于煤炭产业的分配主要是使用煤炭作为燃料进行炼焦等。至于交通运输及仓储业，煤炭从生产出来到最终消费要通过一系列的运输环节，包括铁路运输、水路运输和公路运输，以及仓储等才能到达最终消费的站点，这些过程使得交通运输及仓储业成为了煤炭行业带动的另一行业。煤炭可用于金属制品业的燃料及冶炼等，而像褐煤、肥煤、焦煤、气煤等则用于化工行业的生产。燃气生产和供应业、非金属矿物制品业、农林牧渔业等对于煤炭行业的分配系数则相对较低。

2.1.3　煤炭行业的协同演进特征

1. 同步正向关联产业的构成及其原因

历年与煤炭行业同步关联正向协同的上游产业如图 2.2 所示。在上游行业中，与煤炭行业的发展同步关联正向协同的产业包括通用、专用设备制造业，交通运输设备制造业，水的生产和供应业。上述行业的发展与煤炭行业保持着良好的同步关联效应，煤炭行业发展越好，这些行业也就发展得越好。2002~2010 年，煤炭行业发展良好，呈现一片繁荣的景象，这几年是煤炭业发展的黄金时期。通用、专用设备制造业对于煤炭行业的完全分配系数逐年增长，从 2002 年的 0.0748 增至 2010 年的 0.1306，增长速度居上游行业之首，究其原因，如上所述，矿井的建设方面对设备的安全性要求极高，与通用、专用设备制造业关系极为密切，由于这一时期的煤炭行业发展迅速，因此对于这些行业的需求更高。对于交通运输设备制造业，煤炭产量的增加使得煤

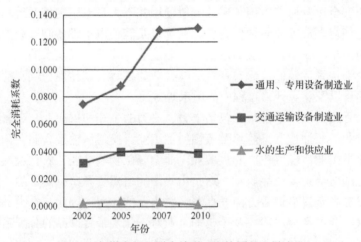

图 2.2　与煤炭行业同步关联正向协同的上游产业

炭行业对于交通运输的要求更高，从而也带动了对交通运输设备制造业的完全消耗。相比较而言，水的生产和供应业的完全分配系数较低，煤炭行业对这一行业的消耗远没有其他行业明显。

历年与煤炭行业同步关联正向协同的下游产业如图 2.3 所示。在下游行业中，与煤炭行业的发展同步关联正向协同的产业包括电力、热力的生产和供应业，交通运输及仓储业，石油加工、炼焦及核燃料加工业，金属制品业，化学工业，燃气生产和供应业，非金属矿物制品业，农林牧渔业，即基本所有相关的下游行业。2002~2005 年，上述行业对煤炭行业的完全分配系数略有上升，幅度较小。2005~2010 年，分配系数明显上升，且上升幅度较大，其中，电力、热力的生产和供应业一直占据最大的百分比，原因在于我国的发电发热主要依靠煤炭，火力发电是目前我国发电的主要方式。其他行业的系数增长幅度也较大表明，从 2005 年开始，这些行业作为消费主体对煤炭行业的需求逐步增加，表明这些行业对煤炭行业起到了很大的带动作用。

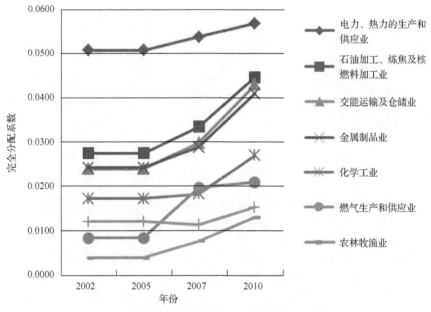

图 2.3　与煤炭行业同步关联正向协同的下游产业

2. 松散关联产业的构成及其原因

历年与煤炭行业呈松散关联的上游产业如图 2.4 所示。在上游行业中，与煤炭行业呈现松散关联的产业是电气机械及器材制造业，通信设备、计算机及其他电子设备制造业，建筑业。煤炭业对这三个行业的完全消耗系数在2002~2005年增长速度较快，而2005~2010年，系数呈现下降趋势。一种合理的解释是，2002~2005年煤炭行业刚刚处于成长期，正在兴建矿井，而此时煤炭业对于上述三个行业的消耗需求较大。在2005~2010年，煤炭行业主要进行煤炭开采以及深加工等，对于上述三个行业的需求减少，因此系数呈现降低的趋势。另一种解释是由于上述三个行业也在不断地发展，尤其是通信设备等产业更新换代速度较快，相同的产品随着时间的推移价格下降速度也快，而本书的投入产出表是以价值为标准，因此完全消耗系数存在降低的可能。

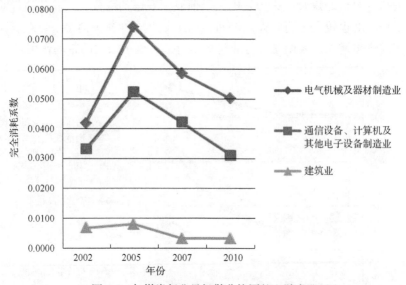

图 2.4   与煤炭行业呈松散非协同的上游产业

历年与煤炭行业呈松散关联的下游产业如图 2.5 所示。在下游行业中，与煤炭行业呈现松散关联的产业只有金属冶炼及压延加工业。这一行业对于煤炭行业的完全分配系数在2005~2007年出现了微小幅度的下降，与煤炭行业不同步，其主要原因在于自身产业的发展，与煤炭业的关联不大。

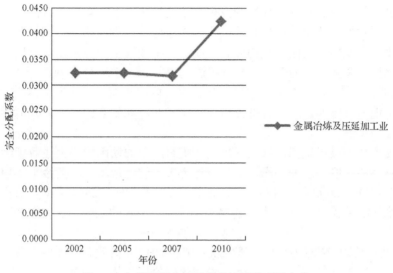

图 2.5　与煤炭行业呈松散非协同的下游产业

2.2　大型煤炭集团多元化发展策略

大型煤炭集团能够实施多元产业发展的重要原因是其充分利用在煤炭"黄金十年"里所积累的资本大力实施相关多元化或非相关多元化发展，使其成长为多元化的大型集团公司，为产业协同实施提供了机会和空间。

2.2.1　多元化发展的产业背景

20 世纪 80~90 年代上半期，随着改革开放政策的大力实施，社会经济发展对煤炭需求增长较大，造成一时间煤炭的供应比较紧张，从而不利于国民经济及人民生活水平的快速发展。为此，政府放宽了准入政策，在加快国有重点煤炭发展的同时，大力鼓励发展乡镇小煤矿，使得煤矿数量迅速增加，行业竞争激烈，价格秩序混乱，资源浪费严重，利润低，全行业陷入不景气。这一阶段的大型煤炭集团基本上都是专门化的煤炭生产企业，基本没有涉足其他产业。

但 2003 年后情况开始好转。国家在 2004~2007 年陆续出台了《国务院关于促进煤炭工业健康发展的若干意见》《加快煤炭行业结构调整、应对产能过剩的指导意见》《煤炭工业发展"十一五"规划》和《煤炭产业政策》等文件，在提高行业进入门槛、鼓励企业大型化规模经营、提升产业集中度等方面做了大量工作。受此激励,煤炭行业进行了大规模的兼并重组整合,范围从省内扩展到省外,从实施效果来看,我国当前已有神华集团、中煤能源、陕煤化集团、山西焦煤集团、大同煤矿集团、冀中能源集团、山东能源集团和河南能化集团 8 家企业的全煤炭产量超过亿吨,年产量近 11 亿吨,占全国煤炭产量的 1/3 左右,产业的集中度明显提升。以这些大型企业为主体,在大型煤炭基地内有序建设了一大批大型现代化矿井,如神东矿区,有效地促进了煤炭集约化生产。

　　支撑大型煤炭集团进行大规模兼并重组整合的动因除了上述政策因素,产业整体的行情上涨和利润增加也是最为关键的经济动因。黄金十年期间,煤炭消费量从 2002 年的 13.67 亿吨上升到 2012 年的 37.20 亿吨,年消费量增速达到 235%,造成持续近十年的煤炭市场供不应求的局面(只在 2008 年有短暂的小幅下调),产业行情一路看涨,煤炭价格和行业利润率也一路飙升,如图 2.6 所示。由图 2.6 中可见,除 2008 年和 2012 年煤炭价格小幅下降,其余年份的出厂价格指数均大于 100,表明煤炭价格总体上一直在上升。以秦皇岛港动力煤炭价格为例,2002 年初的平仓价为 280 元/吨,2012 年末这一价格已经上涨至 880 元/吨,上涨超过了 3 倍多。价格飙升给大型煤炭集团带来了丰厚的利润。图 2.6 中的行业利润率显示:煤炭行业利润率在 2002 年低于全行业平均利润率,自此后的 10 年间,煤炭行业利润率一直大于全行业平均利润率,如 2008 年,全行业平均利润率为 6.61,而煤炭行业利润率为 18.67,高出 12.06 个百分点。因其高利润,这段时期也被称为煤炭行业的"黄金十年"。

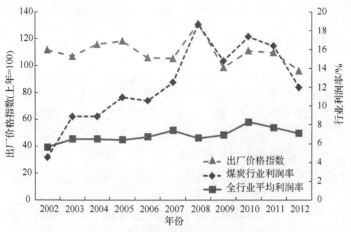

图 2.6　2002~2012 年煤炭行业价格指数与利润率①

---

① 资料来源:《中国统计年鉴》(2003~2013)。

国家政策的支持和企业利润的实力为大型煤炭集团实施多元化发展提供了强有力的政策和资金保障，引导着大型煤炭集团不停地在思考：企业如何在今后进一步发展？结果是：几乎所有的大型煤炭集团都走上了做大做强的道路，实施规模化的多元发展路径，其中又包括相关多元化发展策略和非相关多元化发展策略。

2.2.2　相关一体化经营策略

1. 横向一体化

作为资源型企业，大型煤炭集团的最主要资产是隶属其所有的未开采的地下煤炭资源，但作为不可再生能源的煤炭资源总有日渐枯竭的一天，特别是在煤炭价格一路高涨的情境下，大型煤炭集团生产规模日益扩大，资源开采速度更为加快，在此背景下，更多拥有高质量的煤炭资源便成为大型煤炭集团赢得高速可持续发展的重要战略选择。

获取煤炭资源的一个重要途径是通过大型煤炭集团之间的兼并、重组和整合。这一方面得益于国家提高了行业进入门槛，在安全、环保和资源节约等方面进行了严格规范，抑制了小煤矿的发展；同时，明确提出"改小建大"，以整合为主，发展大中型煤矿。随着这项政策的落实，区域内的并购重组广泛开展，大型煤炭集团生产规模得到了明显提升，出现了数个亿吨级的大型煤炭生产企业。据统计，2012 年全国大型煤炭集团数量从最高时的几万家下降到 6200 家，比 2011 年减少了 1500 家，山西省整合后的煤矿企业更减至 130家，平均单井规模提高到 100 万吨。通过这种途径所成立的大型煤炭集团成为市场生产主体，5000 万吨以上的企业达到 18 家，占全国大型煤炭集团总数的 20%，产量合计为 19.5 亿吨，占全国原煤总产量的 53%。

如果说大型煤炭集团间的兼并重组大多发生在区域内，靠当地政府主导所达到，那么另一种获取煤炭资源的途径——异地开发煤炭资源也是大型煤炭集团实施横向一体化战略获取资源的重要途径。特别是对于东部大型煤炭集团而言，它们大多发展历史较早，煤矿开采时间较长，区域内资源已经接近枯竭，急需在煤炭富集的西部地区建矿挖煤，实现可持续发展，例如，徐州矿务集团在陕西和新疆地区，兖矿集团在内蒙古、贵州和山西地区，淄矿集团在陕西亭南地区等地购置了煤炭资源，煤矿建设、生产和日常管理人员主要由这些企业的原有人员对外输出，从而实现了跨区域煤炭开采作业。

无论采用以上何种途径，通过横向一体化经营后，大型煤炭集团的业务生产单元增加，且人员、资金、信息、技术、知识和经验等可在不同生产单元中实现共享，客观上为产业协同提供了空间和机会。

2. 纵向一体化

除了通过并购煤炭资源扩充规模和实力，大型煤炭集团还通过发展产业链上下游产业来提升竞争力，这也为产业协同提供了另外一个重要的空间和机会。

产业链是指同一产业不同部门间基于技术经济联系表现出的环环相扣的关联关系，其实质是产业链中不同企业间的相互供给和需求关系，因此存在着大量的相互价值交换。具体到煤炭产业而言，作为国民社会经济发展的基础资源，其产业链的延伸较长，包括地质勘探、矿井建设、煤炭开采、洗选加工、运输、储备和消耗使用等，具体可如图 2.7 所示。

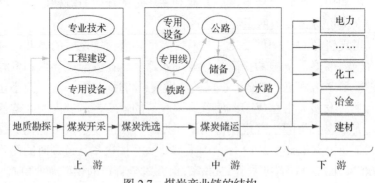

图 2.7　煤炭产业链的结构

据此可进一步将其划分为上游、中游和下游等三个部分。在上游部分，既包含着大型煤炭集团的核心业务——煤炭开采和洗选，也包括与开采洗选相关的地质勘探、工程建设、专用设备等产业，它们可以被看做为煤炭开采过程中必要的投入要素，此时，煤炭是产出要素；在中游部分，开采出来的煤炭需借助铁路、公路和水路等多种方式从生产地运输到消费地，这是煤炭从资源转向商品的重要环节，也是长期制约我国煤炭产业供需格局的重要因素，引发了政府和大型煤炭集团的高度关注，因此，通道建设也是煤炭产业链中的重要一环；在下游部分，煤炭作为一种最重要的投入要素，广泛地被电力、化工、冶金和建材等行业作为原料或燃料使用，是煤炭实现其商品价值的所在环节。只有通过以上各个环节的协同工作，煤炭才能被开采出来并加以利用。

大型煤炭集团处于这个链条的中靠前位置，因此它可以发挥其位置优势，利用所积累的资金实力向产业链上下游延伸，进一步获取煤炭的剩余价值，实现企业利润最大化。基于这一指导思想，大型煤炭集团在过去十年中的另一个显著变化是大力发展煤炭关联产业，使其成长为煤与非煤并举的大型煤炭集团，如神华集团大力发展了物流运输和电力产业，中煤集团大力发展了煤矿机械和煤矿建设产业，还有众多大型煤炭集团都大力发展了煤化工、合成氨、钢铁、冶炼铝、水泥和陶瓷等产业。由于这些产业之间存在着市场上的上下游关系，在并购组建成为一个集团公司之后，相互之间的外部市场买卖关系被内部行政调拨关系所替代，存在着科斯所说的市场交易成本的节省[75]，从而获得额外的溢出收益，是产业协同效应的另一种具体体现形式。

2.2.3　非相关多元化经营策略

当前，大型煤炭集团都或多或少地发展了非相关多元化产业，如酒店、房地产、餐饮等，其背后既有企业分散风险维护稳定的主观意愿，也有政府的行政性强制行为的因素。

从企业角度来看，发展餐饮、酒店等业务主要是希望利用其本身业务规模大的优势，将原来的内部接待部门进行注资包装后推向市场，使它们既承担内部业务也承担外部业务，通过市场化经营逐步走向独立，这样企业既解决了冗余人员的就业问题，又将原有的非营利部门打造成为独立发展的部门，将精力投入煤炭主营业务中；发展房地产业主要是因为近些年来房地产市场利润丰厚，大型煤炭集团试图通过这个行业使富余资金流动起来并获利，这也符合资本的本性。

但更多的非相关多元化业务是由于地方政府干涉所形成的。地方政府对当地的经济社会稳定发展负有重要职责，当出现企业经营不善濒临倒闭，或有大量的失业人员存在时，当地政府很自然地希望通过外部输血的方式支撑其继续存在下去。由于这些年大型煤炭集团利用有利的市场情形获得了较大发展，成为了当地经济发展的主力，当地政府就在基础设施建设、稳定社会就业和帮扶落后企业上对他们寄予厚望。囿于大部分大型煤炭集团都具有国有企业的性质，他们也接纳了一部分非相关产业。这些产业大多与大型煤炭集团的主营业务关联不大，不仅在业务上的内部市场上不存在关联，而且他们的管理经营经验主要在煤炭领域，因此其管理经验在这些不相关产业中的应用效果也不确定，从而为产业协同带来困难。大型煤炭集团中这部分非相关多元业务的占比并不是很大，因此本章对这部分业务之间的产业协同关系没有考虑。

2.3　大型煤炭集团产业协同的机会识别

虽然基于煤炭产业链存在着理论上的协同机会，但在现实中却并不容易实践，这可能是因为协同效益根本不存在，或因为实现协同的成本超过了所带来的收益，所以需要对这些协同机会进行深入细致的分析、筛选。

2.3.1　业务单元间的关联

产业协同依赖于业务单元之间的关联，其分析基础是企业一体化经营理论，它认为一体化可分为横向一体化和纵向一体化。横向一体化是以现有的产品或市场为中心，向水平方向进行合并或兼并，其目标是取得规模经济，由于它是在原有的市场或产品基础上进行变革，所以产品内聚力强，开发、生产和销售的关联度大，管理变化不大；纵向一体化是核心企业沿着产业链进行兼并重组的业务扩大行为，其中，前向一体化向着最终用户方向扩张，目标是增加市场渗透能力、促进产品销售，而后向一体化朝着资源供应方向扩张，目标是减少对投入资源，特别是关键资源的依赖性。因此，二者的关联类型和方式并不相同。

价值链为关联机会分析提供了起点。一个业务单元可能与同一企业内其他业务单元共享相关价值活动，包括辅助性活动和基础性活动。辅助性活动包括人力资源管理、企业基础设施、技术开发和采购，而基础性活动包括输出后勤、运营、输入后勤、市场与销售、服务。作为一项有价值的协同活动，不同业务单元之间就应该在关键的价值链环节产生关联并通过某种密切合作来实现效益。

1. 横向一体化下的关联机会

考察一个大型煤炭集团通过兼并重组等方式合并了另一家大型煤炭集团后的关联情况，与制造类企业不同，大型煤炭集团的生产对象为埋藏在地下的煤炭资源，这些资源分布各地并不能够被移动，因此无法共享"生产线"等硬件基础设施，但由于其生产对象一致，采掘方法相同，产品使用途径相似，他们在采购、后勤、市场、技术和管理上存在着密切关联，见图2.8。

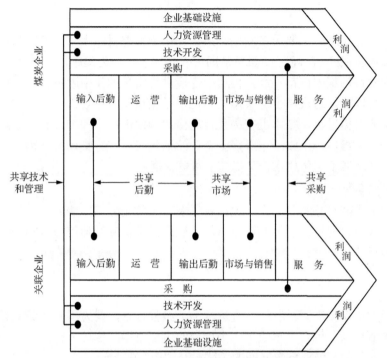

图 2.8　横向一体化下煤炭产品价值链关联图

1) 共享采购

煤矿生产中需要耗用各种设备和材料，包括采掘设备、提升设备、洗选设备、木材、支护用品、钢材、配件、建工材料等，这些设备材料用量大、价值高，物料成本占到生产成本的 30% 左右。传统的采购方式是各使用单位自行采购，在企业通过兼并重组扩大规模后，大型煤炭集团普遍推行了"集中采购、分散储备"模式，即物资采购统一由集团总部实施，充分发挥采购量大的优势，提升在采购市场上的话语权，降低单位物资的采购成本。

2) 共享后勤

由于煤炭产品本身属于大宗散货，且在生产采掘过程中需要大量的物资设备，无形中形成了一个涉及广泛的物流市场，包括运输、存储和配送等多个环节，在煤炭最终成本中占比高达 50%，是煤炭成本管控的重要对象。传统上，这些工作或由各业务单元自行组织，或交由第三方物流公司执行，致使物流费用长期居高不下。兼并重组扩大规模后，绝大多数的大型煤炭集团都成立了自己的煤炭物流公司，在这一平台上统一调度优化各业务单元物流事宜，并积极利用其规模优势承担社会物流，从而降低了单位物资的物流成本。

3)共享市场

我国煤炭产品主要用在发电、冶金、化工和建材四大领域,其煤炭用量达到总消费量的90%以上。虽然从面上看煤炭市场较为集中,但分行业来看,各行业的市场集中度都不高,再加上煤炭供给市场的集中度也较低、煤炭产品又高度同质,造成整个煤炭市场还近乎是完全竞争市场,竞争非常激烈,如果企业规模过小,基本上丧失了市场份额和定价权。如今,各大型煤炭集团在兼并重组后都上收了下级煤矿企业的销售权,实行集团统一销售,共享市场,既降低了销售成本,又提高了市场话语权。

4)共享技术和管理

由于生产对象及其技术一致,各煤炭生产单元之间在兼并、合并前后的生产技术及管理经验能够相互分享,达到降低技术开发使用成本和管理费用的目的。

2. 纵向一体化下的关联机会

当大型煤炭集团沿着产业链进行上下游整合时,就为不同业务单元间的产品流通提供了机会,形成了一个可控的内部市场。依此分析,纵向一体化下煤炭业务与其他业务单元间的关联机会如图 2.9 所示。

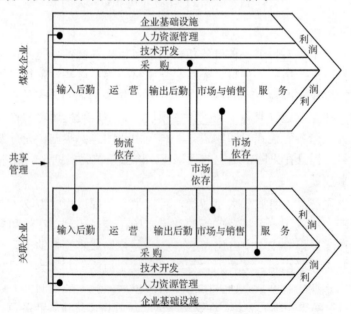

图 2.9　纵向一体化下煤炭产品价值链关联图

　　1)市场依存

　　市场依存包括前向一体化和后向一体化中所形成的内部市场依存关系,
最典型的是据此所形成的大型煤炭集团循环经济。例如,同煤集团的塔山循
环经济园区依托 2 座千万吨级矿井建设了坑口电厂,并将其煤炭和电力用于
甲醇等化工项目所需的燃料、原料和电力,同时,将洗选出的煤矸石、煤泥、
中煤输送到自有电厂,将伴生的高岭岩运输到相应的加工厂,将所产出的炉
渣、废渣和粉煤灰用作砖厂和水泥厂的原料,将所有污水进入污水处理厂进
行处理后并循环再利用。这种"吃干榨尽"式的煤炭资源利用方式就是充分
发挥了不同业务单元间的"内部市场"作用,使得各业务单元间互相形成"产
品—原料"式的关联关系。

　　2)物流依存

　　将铁路、公路和海运等第三方物流整合进大型煤炭集团,特别是解决了
长期制约煤炭外销的运输问题,从而降低了物流成本。业界中最为典型的是
神华集团的"煤电路港航"一体化协同运营模式。神华集团在自身拥有年产
5 亿吨产量的基础上,在全国电力市场进行布局,其发电量占到全国发电量的近
6%,而发电用煤主要由其煤炭业务单元提供,更具竞争力的是,神华集团拥
有神朔黄和大准两条煤炭铁路专线,建设了包括黄骅港在内的多个港口码头,
自建了神华中海航运公司,从而完全地打通了供应链,解决了煤炭运输瓶颈
问题,形成了被广为称道的物流协同模式。

　　3)共享管理

　　对于这种关联,制度学派的科斯教授在《企业的性质》一书中给出了精
彩的描述:"就事实而言,虽然经济学家们将价格机制作为一种协同工具,可
他们也承认'企业家'的协同功能,……,企业的扩大必须达到这一点,即
在企业内部协同一笔交易的成本等于在公开市场上完成这笔交易所需的成
本。"这段话形象地指出了内部市场的存在降低了上下游产品间的交易成本。
内部交易成本的降低依赖行政管理手段的科学实施来实现,因此,大型煤炭
集团进行一体化扩张后,在不同的业务单元间进行管理共享就非常必要,判
断扩张后的内部交易成本是否小于外部交易成本是实施兼并重组战略的重要
依据。

2.3.2　协同机会的来源和收益

　　总体来看,业务单元间的关联关系在横向一体化下体现为共享关系,而
在纵向一体化下更多地体现为依存关系。在这些关联中,共享管理涉及不同

价值链之间管理技术的传播推广，是一种价值或理念的分享，相对于其他关联，它更像是一种无形关联，潜力巨大但难以实施，在创新竞争优势方面的作用常常是不确定的，可能的效果持续时间也相对较短；与此相对，共享市场等其余的有形关联则最为诱人且易于实施，共享效益和投入成本也相对容易衡量，如果共享效益大于投入成本且竞争对手难以模仿，共享协同就会给企业带来持续的竞争优势，或者共享协同可以降低成本或增加差异化，也能产生竞争优势。识别企业中出现的协同机会，可行的方法是对所有实际发生的关联类型及其协同的可能形式进行分类。

1. 市场协同机会

市场协同主要包括市场共享和市场依存两种类别，其各自的关联来源、协同形式、潜在竞争优势和协同成本可能来源如表 2.4 所示。

表 2.4　市场协同的可能来源、收益和成本

关联来源	协同形式	潜在竞争优势	协同成本可能来源
共同的客户	共享商标；共享广告；交叉销售	降低广告成本；广告市场话语权更大；加强产品形象；降低新客户开发成本；降低销售成本	产品形象不一致或相互冲突；一种产品低劣会影响整体声誉；适用的媒介并不相同；多种产品同时宣传使广告效果降低；顾客不愿从一家企业选购太多产品
共同的销售渠道	捆绑销售；共享促销；互补产品关联定价	促进销售数量；降低销售成本；降低促销成本；提高产品利润	促销时间和形式不同；顾客只愿意买其中一种产品；销售渠道不愿让单个业务独占其销售量的主要部分
共同的地理市场	共享市场营销；共享售后服务；共享订单系统；共享分销系统	减少市场开发费用；减少营销费用；减少销售辅助性成本；减少订单处理成本；减少物流配送成本	顾客购买行为不同；顾客不愿从同一处大宗购买；需要的销售服务及时性不同；特别订单的形式和构成不同；订货提前期不一致
互为内部市场	产品内部交易	扩大了市场；抵御外部风险能力；培育弱势业务单元；降低外部交易成本；降低外部采购成本	内部协调成本增加；拖累优势业务单元；质量难以保证；不利于提升弱势业务单元竞争力

2. 生产(技术)协同机会

由于生产与技术很难严格予以区分，将二者合并进行考察。技术开发贯穿煤炭生产各个阶段，其中，勘探、矿建、采掘和洗选等生产过程和技术可在各煤炭业务单元中进行共享，而产品间连接技术主要适用于纵向一体化中

不同业务单元间的产品关联关系。其协同机会分析如表 2.5 所示。

表 2.5　生产(技术)协同的可能来源、收益和成本

关联来源	协同形式	潜在竞争优势	协同成本来源
相同的勘探程序	共享勘探技术	提高勘探水平	地质条件不同导致的勘探技术有差异
相同的矿建程序	共享矿井设计建设技术	提高矿建进度;降低建设成本	受地质影响,各煤矿对矿井设计要求不一
相同的采掘程序	联合技术开发;共享设备和辅助材料	降低设备和辅助材料制造成本;提高了质量	受地质影响,各煤矿对设备和辅助材料的设计和质量要求不一
相同的洗选加工程序	共享洗选加工设备	降低了洗选环节的成本	增加各煤矿间的运输成本
共同的技术设计平台	共享通用技术	节省技术开发成本;提高技术开发进度	几乎没有
产品间的连接技术	联合进行连接界面设计	降低界面设计成本;各产品间连接技术更具适用性	各业务单元利益点不同,对技术细节的要求不一致;增加协调成本

3. 采购协同机会

采购协同包括各煤炭业务单元所需设备和辅助物资通过联合采购来发挥市场话语权,提高质量和降低成本;也包括不同业务单元间的内部市场采购协同,从而节约了交易成本,如表 2.6 所示。

表 2.6　采购协同的可能来源、收益和成本

关联来源	协同形式	潜在竞争优势	协同成本来源
共同采购投入品	联合采购	议价能力更强;降低投入品的成本;提高投入品质量;提高供应商的服务水平	业务单元对投入品的质量和规格要求不同导致成本高于质量要求较低的业务单元所必需的成本;采购缺乏反应弹性;各业务单元对供应商的技术支持和运输要求不同
共同的原材料产地	共享输入后勤系统	降低运输和材料处理成本;共享使批量更小、库存成本更低	采购响应时间延长;缺货机会成本增加
内部市场	同表 2.1	同表 2.1	同表 2.1

4. 后勤协同机会

后勤协同包括物流运输和基础保障能力。当前,大型煤炭集团都积极发展以物流产业为代表的服务产业,从企业物流向社会物流转向,对基础保障采取了统一提供的方式,这部分业务单元没有剥离出去的原因是用以解决定企业冗余人员(表 2.7)。

表 2.7　后勤协同的可能来源、收益和成本

关联来源	协同形式	潜在竞争优势	协同成本来源
物流依存	产供销一体化	降低运输成本; 提高运输保障能力; 发展第三方物流产业	铁路、港口和各类运输工具的资金投入巨大; 投资收益回收周期长
对基础保障的需求相同	共享基础保障能力	解决国企人员冗余; 提高保障能力	各业务单元的保障弹性减小

5. 管理协同机会

管理协同指的是由于企业提高管理活动效率所产生的效率提高,特别是在兼并重组中,如果兼并企业的管理效率存在差异,则管理效率较高的企业在兼并管理效率较低的企业之后,后者的管理效率会因此而有所提升,如在管理经验、人力资源、财务管理、政治关联等多个方面。由于它属于无形关联,导致其经常让人感觉是一种对出于其他理由而实行的多元化所进行的一种事后的合理化修正,其在理论上非常重要,但在实践中予以实施则较为困难,需给予更为仔细的分析,如表 2.8 所示。

表 2.8　管理协同的可能来源、收益和成本

关联来源	协同形式	潜在竞争优势	协同成本来源
对管理效率的共同追求	共享管理经验	形成独特知识资产; 降低管理费用	某个业务单元的管理经验并不适用于另一业务单元; 管理方式改变带来的学习成本
人力资源的共同需求	联合招聘; 共享雇佣和培训	易于培养高级管理人员; 人力资源在集团内部配置更为科学	各业务单元专业性人才需求不一; 面临文化冲突问题
对政治环境的共同需求	共享政府关系; 共用法律	获取垄断性煤炭资源; 获取财税优惠; 提高解决纠纷能力	寻租成本; 附加解决当地落后产业或就业问题等条件
共用流动资金	共享现金; 共用会计	充分利用各业务单元对资金需求的时间差异,减少了资金闲置	妥协成本相对较少
共同筹措资本	共享融资	扩大筹资规模	规模效益受资本市场效率影响

2.4　大型煤炭集团产业协同学过程

由前面分析可见,大型煤炭集团中存在着较多的产业协同机会,并且关联关系、媒介及其效应也各不相同,从而使得大型煤炭集团产业协同呈现出

不同产业间进行物质、信息和能量不断交换的、开放的复杂系统，任一产业在上述关联关系中发生某一变化，必将引起整个产业系统的波动，在宏观上表现出产业协同系统在结构、运行状态和功能上的混沌或无序。对此，德国理论物理学家哈肯所创立的协同学理论却认为复杂性系统虽然当控制变量改变时会引发系统中其他要素变量改变，但通过沟通、信任、合作和协同等机制最终会实现一致，使其表现出有序状态。

2.4.1　产业协同演化机理

借用系统演化分析时最常用的 Logistic 方程来描述大型煤炭集团某个产业的演化机理[76]。其一般形式为

$$\frac{\mathrm{d}x(t)}{\mathrm{d}t} = rx\left(1 - \frac{x}{N}\right) \tag{2.2}$$

式中，$x(t)$ 为大型煤炭集团某个产业的效益；N 为其最大可能值；r 为固有效益增长率；x/N 表示当前效益情况；$(1-x/N)$ 表示后期发展的效益潜力。由此可知，当前效益值越大，后期发展潜力越小，所以这一经济发展系统中存在着正、负反馈效应，具有典型的非线性特征。

当两个产业在同一大型煤炭集团中协同发展时，由于 1+1>2 效应的存在，其中一个产业 B 的效益值增长会增加产业 A 的发展潜力，同样，产业 A 的效益值增长也会增加产业 B 的发展潜力。由此，可以建立两个产业协同发展时的演化方程为

$$\begin{cases} \dfrac{\mathrm{d}x_1(t)}{\mathrm{d}t} = r_1 x_1\left(1 - \dfrac{x_1}{N_1} + \sigma_1 \dfrac{x_2}{N_2}\right) \\ \dfrac{\mathrm{d}x_2(t)}{\mathrm{d}t} = r_2 x_2\left(1 - \dfrac{x_2}{N_2} + \sigma_2 \dfrac{x_1}{N_1}\right) \end{cases} \tag{2.3}$$

式中，σ_1 表示产业 B 发展对产业 A 的贡献率；σ_2 表示产业 A 发展对产业 B 的贡献率。

为了研究这种协同的最终格局，让时间 t 无限大时，采取线性方法对其平衡点进行稳定性分析，即式(2.2)等于零，即

$$\begin{cases} f(x_1,x_2) = \dfrac{\mathrm{d}x_1(t)}{\mathrm{d}t} = r_1 x_1 \left(1 - \dfrac{x_1}{N_1} + \sigma_1 \dfrac{x_2}{N_2}\right) = 0 \\[3mm] g(x_1,x_2) = \dfrac{\mathrm{d}x_2(t)}{\mathrm{d}t} = r_2 x_2 \left(1 - \dfrac{x_2}{N_2} + \sigma_2 \dfrac{x_1}{N_1}\right) = 0 \end{cases} \tag{2.4}$$

由式 (2.4) 可得到四个平衡点，即 $P_1(N_1,0)$，$P_2(0,N_2)$，$P_3 \left[\dfrac{N_1(1+\sigma_1)}{1-\sigma_1\sigma_2}\right.$，

$\left.\dfrac{N_2(1+\sigma_2)}{1-\sigma_1\sigma_2}\right]$，$P_4(0,0)$。对其进行仔细分析，可以得出以下结论。

(1) 平衡点 P_1、P_2 和 P_4 三种状态下达不到协同稳定。P_1 和 P_2 或在产业 A 或在产业 B 中的一个产业中达到平衡，另一个产业中没有平衡状态，而 P_4 中的两个产业中都没有达到平衡的稳定条件。

(2) 平衡点 P_3 存在着协同稳定。此时，集团中的产业 A 和产业 B 能够长期共生下去，此时，尽管产业 A 和产业 B 也可能存在着竞争关系，但以合作共赢为主，并提高了整个集团的产出效益。

由于 $0 < \sigma_1 < 1$、$0 < \sigma_2 < 1$，所以 $\sigma_1\sigma_2 < 1$。在平衡点 P_3 的状态下，产业 A 的效益值为 $\dfrac{N_1(1+\sigma_1)}{1-\sigma_1\sigma_2}$，产业 B 的效益值为 $\dfrac{N_2(1+\sigma_2)}{1-\sigma_1\sigma_2}$，它们都大于两个产业独立存在时的效益值 N_1 和 N_2，此时集团总的效益值为两个产业的累加，即

$$\begin{aligned} \Delta_{(A+B)} &= \Delta_A + \Delta_B = \frac{N_1(1+\sigma_1)}{1-\sigma_1\sigma_2} + \frac{N_2(1+\sigma_2)}{1-\sigma_1\sigma_2} \\[2mm] &= \frac{N_1(1+\sigma_1) + N_2(1+\sigma_2)}{1-\sigma_1\sigma_2} > N_1 + N_2 \end{aligned} \tag{2.5}$$

由此，两个产业协同时的集团总效益大于各自发展时的效益和，实现了所谓的"1+1>2"的协同效应，这种"效益溢出"正是两个产业之间通过资源共享、优势互补、沟通一致等措施得以实现的。

2.4.2 产业协同的序参量

1. 序参量涵义及计算方法

在上述演化过程中，能够约束各产业本身的无序状态，通过较强的产业关联关系来制约其独立运动，使之出现宏观有序的协同状态的关键变量称为

序参量或慢变量。序参量标志着系统的稳定有序程度和关联状态，通常不是外加的，而是各产业相互之间作用的结果，一旦形成就会成为协同演化过程的关键力量，也是人们发挥协同效应的入口和抓手。因此，寻找和识别产业协同的序参量是实施这一战略的关键之一。

基于 Logistic 方程，综合运用协同学理论与灰色系统方法可以建立大型煤炭集团产业协同发展的系统模型[77]。设 x_i 为第 i 个业务单元在 $1 \sim t$ 年的年营业收入，各自的一阶累加序列记为 $x_i^{(1)}(t)$，则 $x_i^{(1)}(t)$ 的年变化率 $\mathrm{d}x_i^{(1)}(t)/\mathrm{d}t$ 取决于①以下两点。

(1) 每个业务单元的自我发展，即它自己发展与约束的结果，设自发展项为：$a_{ii}x_i^{(1)}(t)$，自约束项为：$-b_{ii}(x_i^{(1)}(t))^2$，其平方项代表这种约束的非线性作用。

(2) 不同业务单元间的协同效应，反映不同业务单元在整个集团中的协同和竞争，设协同项为 $a_{ij}x_i^{(1)}(t)$，竞争项为 $-b_{ij}(x_i^{(1)}(t))^2$。

由此，$x_i^{(1)}(t)$ 总的变化率可描述为

$$\frac{\mathrm{d}x_i^{(1)}}{\mathrm{d}t} + a_{ii}x_i^{(1)} = -(b_{ii} + b_{ij})(x_i^{(1)})^2 + \sum a_{ij}x_j^{(1)} \tag{2.6}$$

令 $b_{ii} + b_{ij} = b_i$，可得到非线性方程组如下：

$$\frac{\mathrm{d}x_i^{(1)}}{\mathrm{d}t} + a_{ii}x_i^{(1)} = -b_i(x_i^{(1)})^2 + \sum a_{ij}x_j^{(1)}, \quad i \neq j \tag{2.7}$$

式中，a_{ii}, b_i, a_{ij} 的值难以确定但却又很重要，通常利用非线性微分动态灰色系统方法进行推导，步骤是采用四阶龙格-库塔法得到模型的数值解，再应用绝热消去法去除系统快变量，剩余的慢变量就是系统序参量[78]。由于 $x_i^{(1)}(t)$ 是一阶累加得到的，所以需要对其进行还原处理，得到大型煤炭集团产业协同的模拟结果。

---

① 年变化率还应该受到系统涨落的影响。本书认为序参量的稳定机制会削减这种涨落机制，乃至消失，且这里的目标是找出使煤炭集团系统有序演化的序参量，使得实际工作中利用这种序参量使系统向更好的有序方向发展，而不是预测系统发生相变或突变，所以在这里忽略了涨落。

2. 实例: 神华集团产业协同序参量

神华集团是我国最大的大型煤炭集团, 其业务单元主要包括煤炭、电力、铁路、港口和航运。2008~2012 年各产业间的交易收入如表 2.9 所示。

表 2.9　2008~2012 年神华集团各产业间交易收入　（单位: 百万元）

业务单元	2008 年	2009 年	2010 年	2011 年	2012 年
营业总收入 X	107133	121312	157662	208197	250260
煤炭板块 X_1	13619	14142	22875	29600	34851
电力板块 X_2	108	387	336	395	487
铁路板块 X_3	15576	17555	19021	20181	21946
港口板块 X_4	1856	1859	2448	2673	2918
航运板块 X_5	1267	1527	3663	4174	7772

资料来源: 神华集团上市公司年报(2008~2012 年)。

选取营业总收入作为参考数列, 其他板块收入作为比较因素进行标准化处理后, 运用灰色关联度法[79], 计算各板块之间的关联度如表 2.10 所示。

表 2.10　各产业板块关联度表

项目	营业总收入 X	煤炭板块 X_1	电力板块 X_2	铁路板块 X_3	港口板块 X_4	航运板块 X_5
营业总收入 X	1.0000	0.9282	0.5930	0.8597	0.8730	0.6906
煤炭板块 X_1	0.9242	1.0000	0.5985	0.8056	0.8331	0.6917
电力板块 X_2	0.5529	0.5704	1.0000	0.5134	0.5192	0.7138
铁路板块 X_3	0.8810	0.8406	0.5957	1.0000	0.9575	0.6858
港口板块 X_4	0.8903	0.8605	0.5947	0.9561	1.0000	0.6790
航运板块 X_5	0.7229	0.7342	0.7745	0.6858	0.6845	1.0000

可以看出, 这些产业板块之间的灰色关联值均超过 0.5, 表明它们之间是交互关联的。煤炭板块与营业总收入的关联度最大, 为 0.9242, 说明它对营业总收入贡献最大, 且它与其他板块之间的关联度也都相对较大, 似乎处于大型煤炭集团系统演化的中心位置, 但这点还需要计算序参量值进行确认。神华集团产业系统的状态方程组如式(2.8)所示。

通过分析此模型的系统状态方程组发现: 第三个状态变量即铁路板块交易收入的弛豫系数为负, 其余四个状态变量即煤炭、电力、港口和航运的弛豫系数为正, 通过绝热近似法除去这四个状态变量, 余下最小的弛豫系数——铁路板块, 即是这一系统的序参量, 而不是规模最大或关联度最大的煤炭板块。

由此可知, 铁路板块对神华集团系统演化起着支配作用, 提高铁路板块

$$\begin{cases} \dfrac{dx_1^{(1)}}{dt} = -1.32x_1^{(1)} + 0.68(x_1^{(1)})^2 + 2.06x_2^{(1)} + 0.56x_3^{(1)} + 3.44x_4^{(1)} + 2.68x_5^{(1)} \\[2ex] \dfrac{dx_2^{(1)}}{dt} = -2.81x_1^{(1)} + 4.42x_2^{(1)} - 0.34(x_2^{(1)})^2 + 0.89x_3^{(1)} + 6.54x_4^{(1)} + 3.72x_5^{(1)} \\[2ex] \dfrac{dx_3^{(1)}}{dt} = 0.62x_1^{(1)} - 0.04x_2^{(1)} + 0.82x_3^{(1)} - 0.42(x_3^{(1)})^2 - 0.95x_4^{(1)} - 0.69x_5^{(1)} \\[2ex] \dfrac{dx_4^{(1)}}{dt} = 5.48x_1^{(1)} - 7.56x_2^{(1)} + 1.78x_3^{(1)} - 9.25x_4^{(1)} + 1.87(x_4^{(1)})^2 - 11.25x_5^{(1)} \\[2ex] \dfrac{dx_5^{(1)}}{dt} = -2.25x_1^{(1)} + 3.02x_2^{(1)} - 0.06x_3^{(1)} + 4.52x_4^{(1)} + 4.07x_5^{(1)} + 0.33(x_5^{(1)})^2 \end{cases}$$

$$(2.8)$$

与其他板块间的业务衔接程度对引导该系统向更高级的有序状态发展具有至关重要的作用。实践可知,正是神华集团拥有"煤电路港航"的独特经营模式,铁路运输将煤炭生产与煤炭消费紧密地连接起来,提高了运营效率,降低了经营成本,才使得神华集团在 2013 年以来的不景气煤炭产业环境中继续保持领先的优势。

2.5 本 章 小 结

本章通过对煤炭产业与其他产业之间的投入产出分析,发现它与上游的通用、专用设备制造业,电气机械及器材制造业等产业,与下游的电力、热力的生产和供应业,金属冶炼及压延加工业等产业间有着非常紧密的关联关系,这为大型煤炭集团依托煤炭资源进行产业协同打下了物质基础。基于这一优势,大型煤炭集团近些年加大了多元化发展的力度,通过兼并重组和并购等措施加强了横向一体化,通过大力发展产业链上下游产业来加强纵向一体化,还发展餐饮、酒店和房地产等混合多元化。在这种产业结构下,大型煤炭集团内部就可以通过业务单元间的合作关系而产生了多种协同,如横向一体化下的共享采购、共享后勤、共享市场、共享技术和管理等,纵向一体化下的市场依存、物流依存等,从而创造出许多的协同机会,带来了可观的协同效应。但这些产业协同是有序进行的,以神华集团为例的研究表明,铁路板块是集团产业协同的序参量,其他产业依托铁路产业在有序地进行着产业协同,并依托其所带来的协同效益而占据着行业优势。

第3章　大型煤炭集团产业协同的机理模型

如第 2 章所述，自 2003 年起，伴随着经济高度发展对能源的巨大需求，中国煤炭产业历经了"黄金十年"，煤炭产量从 2003 年的 16.67 亿吨上涨到 2012 年的 36.6 亿吨。在此期间，大型煤炭集团也得以快速成长，不仅企业规模成倍增加，经营模式也从过去以"挖煤、卖煤"的专业化经营裂变为"煤和非煤"并举的多元化经营。据 2013 年统计，中国 100 强企业中的大型煤炭集团数量为 5 家，500 强中有 13 家，并且都实施多元化经营，煤炭工业协会统计数据显示非煤产值所占比例高达 60%，业务范围涵括煤炭、运输、电力、建筑施工、机械、建材、冶金、化工、基础设施等上下游产业，以煤为基的多元化发展模式已经成为众多大型煤炭集团的战略选择。

但从不同业务单元的盈利能力来看，情况却不容乐观。2012 年，52 家煤炭上市公司的煤炭业务毛利润平均为 35.15%，但其他业务的利润率却相对较低，如化工为 11.37%、电力为 3%、建材为 12.42%、铁路运输为 28.72%等[①]，表明它们的多元化经营是依赖优质资产"煤炭"所支撑起来，企业规模是以煤炭业务向其余业务"输血"所换来的，这种局面在煤炭市场旺盛时尚可维持，但在煤炭需求萎缩时企业经营将步履维艰，形成"一荣俱荣，一损俱损"的态势，这样的大型煤炭集团往往也是"大而不强"，背离了企业实施多元化战略的初衷。特别是从 2013 年开始，随着国家调整经济增长方式，煤炭价格一路走低，煤炭产业的"黄金十年"不再，企业经营普遍存在着较大的困难，在此情境下，大型煤炭集团如何发挥多元化的经营优势成为其所面临的重大现实命题。

一方面企业规模庞大，产业链条完备；另一方面各业务单元强弱不一，企业生存严重依赖煤炭主业——这种发展模式引发了对如下问题的深入思考：①中国大型煤炭集团为什么会在过去十年中不约而同地走上多元化发展道路？他们期盼从中获取何种收益？这种多元化的动因和轨迹如何？虽然近年来学者普遍认为企业实施多元化的动因多来自分散风险等[80,81]，但也同时认为企业实施多元化战略是情境依赖的，需要有针对性地开展研究[82]，所以

---

① 数据来自 2012 年煤炭板块上市公司年报的平均值。

理论无法给相关企业以有效的指导，例如，为什么一些收益不佳的业务单元也得以进入大型煤炭集团？②如果多元化经营会带来上述众多好处，那么这些收益在大型煤炭集团中的实现机制是什么？现有研究多倾向于不同经营单元间的产业协同是多元化收益的重要来源[83-85]，但却没有给出系统清晰的理论体系，对产业协同中的关联方式、过程及其与效益的关系等方面都缺乏深入的研究，是产业协同理论始终还停留在概念层面的重要原因[16]。因此，急需就大型煤炭集团的产业协同构建一套系统科学的理论模型，来对以上问题进行解释和说明，以更好地指导实践工作。

3.1　研究方法和样本

企业设计多元化战略往往是情境依赖的，涉及当时的经济、社会、政治和人文等众多因素，产业协同的实现途径多种多样，相关研究也没有成熟的理论假设，定量化研究不好进行，本书主要通过探索性的扎根理论来建构理论模型。扎根理论经由 Glaser 和 Strauss 于 20 世纪 60 年代提出，是一种比较有效的基于定性资料进行定量式理论分析的研究方法，旨在基于翔实的资料，通过科学的逻辑、归纳、对比和分析，从下往上地、螺旋式循环地逐渐提升概念及其关系的抽象层次，最终建立起实质性理论模型[86]。其突出优势是不对研究者自己事先设定的假设进行逻辑推演，而是从资料入手进行归纳分析并自然呈现式地构建起理论，因此被广泛应用于定性建模领域[87]，弥补了传统定性研究中过分依赖问卷调查、统计归纳或案例分析等研究方法的不足，使所得到的研究结论更具科学性和严谨性。研究过程包括理论的演绎和理论的归纳，即从资料中产生概念，对资料逐级登录；持续进行资料和概念比较，系统询问与概念相关的生成性理论问题；发展理论性概念，建立概念和概念之间的联系；理论性抽样，系统地对资料进行编码；建构理论，力求获得理论概念的密度、变异度和高度的整合性。上述过程如图 3.1 所示，核心部分是通过开放性译码、主轴译码与选择性译码挖掘出资料的范畴，识别出范畴

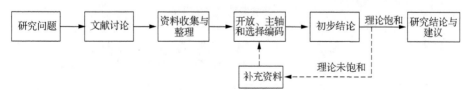

图 3.1　扎根理论的研究过程

的性质以及范畴间复杂交错的本质关系，并通过饱和度检验来对模型进行验证。

考虑到国内绝大多数大型煤炭集团都具有国有企业性质，且多元化发展模式也多以煤炭产业链式为主，深入剖析其中一个企业在有利于研究工作开展的同时，研究结论也更具说服力和一致性，因此，选取陕煤化集团作为研究对象展开资料收集和数据分析工作。该集团经营范围涉及煤炭、煤化工、建筑施工、钢铁、水泥、机械、铁路运输、金融等多个产业，位列国内大型煤炭集团第 14 位，是一个典型的实施多元化经营的大型煤炭集团，并且正在通过积极实施产业协同来实现内涵式增长，这为本章提供了丰富的研究素材。各类资料来源于：①对集团高层和各产业管理层的深度访谈；②公司内部的各种相关文件档案；③报纸、网站等各种开放式媒体报道。通过对这些资料进行整理、归类和凝练，将一些内容模糊、与研究内容相关度较小的资料排除后，获得 11 个产业样本，分别是煤炭、煤化工、装备制造、建筑、物资、电力、水泥、金融、钢铁、铁路、科研等，关键事件数量为 147 个，将其中随机抽取的 121 个事件进行理论构建，余下的 26 个事件用于饱和度检验。

3.2　机理模型的构建

3.2.1　开放性编码

扎根理论中的数据选择和分析技术对满足研究结果的推广性、复制性、准确性、严谨性和可验证性非常关键[88]，因此，我们严格按照 Strauss 等[89]的编码技术程序开展工作，以保证研究的信度和模型效度。为更好地分析每个关键事件中每句话的内容，同时保留每句话在文本资料中的顺序，开放性编码的编号规则为：产业板块编号-事件编号-事件语句段落编号-事件语句编号，如编码 1-1-1-1 表示编号为 1 的产业板块的第一个关键事件在所属产业板块中文本资料第一段中的第一句话。通过对资料的多次循环式整理分析，最终抽象出 20 个范畴和 87 个概念，具体情况见表 3.1。

表 3.1　开放编码形成的范畴

编号	范畴	概念
1	内部市场	是指基于企业内部各单位之间产品和服务交易所表现出的关系，主要有：销售行业 1-6-4-5，销售方式 1-7-4-6，销往电厂 1-10-6-2，内部市场占比 3-10-3-2，信息沟通 3-12-7-4 等
2	循环利用	是指将所生产的产品或产后废弃物转变为可再利用材料的过程，具体有：煤焦油加氢 2-6-3-1，煤焦油加工 2-14-8-3，循环经济链 2-18-9-1，废气利用 2-5-2-3，钢渣利用 7-6-3-1，二次能源 9-5-4-1 等

续表

编号	范畴	概念
3	交易费用	是指交易过程中所花费的全部时间和货币成本，具体有：结算业务 4-5-4-3，成本核算 6-5-9-1，经销商 9-15-8-3 等
4	兼并重组	是指按照一定的程序进行的企业兼并和股权转让，从而实现企业的变型，具体有：控股开源证券 8-1-2-1，设立长安银行 8-3-3-1，参股幸福保险 8-6-5-1，设立基金公司 8-7-6-1，组建汉钢公司 9-3-2-1，重组陕钢 9-4-3-1 等
5	稀缺资源	是指基于地域、市场等条件相对竞争者来讲稀缺的资源，具体包括：资源储量 1-5-3-1，铁矿石 9-9-7-1，矿山资源 9-12-7-4 等
6	分散风险	是指通过多渠道多方面的投资发展尽量规避风险，主要有：抗风险能力 1-11-4-4，兼顾多元 3-9-2-5，融资能力 10-4-2-1 等
7	范围经济	是指企业通过扩大经营范围，增加产品种类，生产两种或两种以上的产品而引起的单位成本的降低，主要有：煤炭化工战略 2-24-14-1，专业配套 3-9-2-5，煤电一体化 6-1-1-1，建材水泥 9-7-5-2 等
8	规模经济	是指扩大生产规模引起经济效益增加的现象，具体有：经营指标增长 1-12-4-7，关键技术 1-13-7-1，规模效益 5-6-4-5，外部市场开拓量 5-10-6-1，金融规模 8-9-8-1 等
9	市场力量	是指企业在市场上有相对于竞争对手或交易对方的主导竞争力，主要有：市场集中度 1-1-1-1，主要市场 1-8-4-7，议价能力 5-7-5-1 等
10	资源共享	是指对生产经营管理环节中一切可利用的资源，具体有：自然资源 2-3-2-1，当地资源 2-4-2-2，煤炭资源 2-9-4-3，信息化平台、物流园区 5-11-7-1 等
11	级差地租	是指等量资本投资于等面积的不同等级的土地上所产生的超额利润，具体有：汽运配合 9-16-8-4，铁路建设 10-7-8-1 等
12	管控模式	是指集团对下属企业基于集分权程度不同而形成的管控策略，具体有：统一管理 1-3-2-4、3-4-6-1，多种股权并存 3-3-1-3、6-2-2-1，基础管理 5-2-8-1，逐级负责、两极集中 5-4-4-2，统借统还 8-15-12-2 等
13	社会责任	是指一种道德或意识形态理论，主要讨论政府、股份有限公司等是否对社会作出贡献，具体有：安全清洁 1-13-7-1，清洁利用 1-13-7-2，人才不足 11-8-5-1 等
14	生产成本	是指生产产品或提供劳务而发生的各项生产费用，包括各项直接支出和制造费用，具体有：控制成本 2-17-8-6，采购成本 5-5-4-3 等
15	稳定市场	是指企业的产品或原料等在市场上有相对长期稳定的交易对象，具体有：地域优势 5-9-5-3，西安陕北市场 7-7-4-1，建材基地 9-6-5-1 等
16	服务转型	是指一种服务运行状态转向另一种服务运行状态，具体有：新型煤化工 2-10-5-4，维修转型制造 3-6-2-2 等
17	盈利能力	是指企业的获利能力及利润情况，具体有：亏损状态 2-16-8-5、2-20-10-2、8-13-10-2，盈亏平衡 3-11-5-1，盈利状态 11-6-3-3 等
18	业务关联	是指各个产业板块之间因各自的生产和发展而与其他产业发生的业务间的联系，具体包括：化工企业介入 2-1-1-1，煤化工发展 2-2-1-2，成立重装集团 3-1-1-1，成立建设集团 4-1-1-1，成立物资集团 5-1-1-1，供销部门 5-3-4-1，高硫煤销售 6-7-8-3，建立生态水泥 7-1-1-1，成立财务公司 8-5-4-1，成立龙钢集团 9-10-7-2，成立技术研究院 11-1-1-1 等
19	职能关联	是指在研发、采购、生产、物流、营销、管理、融资和服务上的职能联系，具体有：生产经营 1-4-2-2，内部维修 3-14-8-3，物流渠道 9-11-7-3，科研平台 11-7-5-1 等
20	政治关联	是指在国家政策、政府提出的方针要求下所产生的影响，具体有：政府要求 3-1-1-1，国企信誉 5-8-5-2，煤电互保 6-6-8-2，政府推动 9-1-1-1，成立陕铁投 10-1-1-1，铁道部 10-6-3-2 等

3.2.2　主轴编码

　　主轴编码是将开放式编码中被分割的资料，通过聚类分析，在不同范畴之间建立关联。在建立关联时，需要分析各个范畴在概念层次上是否存在潜在的联结关系，从而寻找一定的线索[90]。为此，我们将开放式编码中所呈现的不同范畴之间的联系进行逐步分析，剖析其中可能隐藏的脉络或因果关系。通过对上述范畴进行归类和月月月关系归纳，最终形成 4 个大类关系，如表 3.2 所示。

表 3.2　基于主轴编码的四大类关系

编号	关系类别	影响关系的范畴	关系的内涵
1	多元化的动因	分散风险、范围经济、规模经济、市场力量	描述大型煤炭集团实施多元化战略的主要动因，也是产业协同效应的具体体现。多元化能有效规避经营单一产业面临的市场风险，起到"分散风险"的效应，同时也会降低要素的"交易费用"；产业间的"循环利用"也会降低要素成本，二者共同形成了多元化中的"范围经济"。产业间的"资源共享"将产生一定的"规模经济"；"兼并重组"和政府支持会使企业获得"市场力量"和"稀缺资源"，拥有更多的话语权
2	产业协同途径	内部市场、循环利用、资源共享、交易费用、兼用重组、稀缺资源	描述支撑多元化动因的产业协同方式。产业间形成的"内部市场"有利于为其中某产业外部市场萎靡时提供缓冲空间，降低市场风险和"交易费用"；"循环利用"，即下游产业利用上游产业的余热、废渣等作为热能或原料来源，降低了生产成本，与降低的"交易费用"一起形成"范围经济"。以"职能关联"为纽带时，诸如研发、采购、生产、物流、营销、管理、融资和服务等职能可近乎以无成本的方式在更大范围内实现"资源共享"，达成"规模经济"；同时，以"职能关联"为基础的"兼并重组"扩张了企业规模，形成垄断性的"市场力量"；"市场力量"的另一个来源是获取条件优良的矿山、土地和优惠政策等各种"稀缺资源"
3	产业关联方式	业务关联、职能关联、政治关联	描述多元化企业实施纵向一体化、横向一体化和非相关多元化战略的三种要素关联方式。纵向一体化沿着产业链进行，其中前向一体化是指煤炭开采与煤矿建设、采掘机械等产业间的融合，后向一体化是指以煤炭为原料或燃料与煤化工、发电、冶金、建材等产业的整合，二者通过"业务关联"进行整合。横向一体化主要指对煤炭或非煤企业的兼并重组，目的是发挥核心企业在研发、采购、生产、物流、营销、管理、融资和服务上的各种优势，通过"职能关联"来建立竞争力。"政治关联"是中国国有企业多元化进程中的独特现象，是政府出于发展经济、促进就业和社会稳定等目的，通过行政干预手段将一些相关或不相关企业并入核心企业，是一种"被多元化"行为。实践中，多元化企业基于其中一种、两种或全部进行着产业协同
4	产业协同效益	稳定市场、生产成本、盈利能力、管控模式、服务转型、级差地租、社会责任	描述多元化动因(或产业协同效应)是如何转化为降低成本或提高收益的。"分散风险"会起到"稳定市场"的作用，从而降低企业的机会成本。"范围经济"会降低产品的"生产成本"、提高产品的"盈利能力"，进而获取超额利润。对于大规模的多元化企业，通过科学的"管控模式"可以有效避免规模不经济现象，降低企业整体的运营成本，规模本身也为企业提供了发展机遇，如近些年得到大力发展的煤炭物流和煤炭营销，都是基于"规模经济"实现的"服务转型"，获取了超额利润。而对于拥有"市场力量"的企业，可以凭借"稀缺资源"产生的"级差地租"来获取超额利润，同时，有效利用那些通过"政治关联"产生的"市场力量"可

		以展现国有企业"社会责任"，提升企业的社会形象

3.2.3　选择编码

选择性编码是指选择核心范畴，把它系统地和其他范畴予以比较，验证其间的关系，并把概念化尚未发展完备的范畴补充整齐的过程。该过程的主要任务包括识别出能够统领其他范畴的主范畴，用所有资料及由此开发出来的范畴、关系等简明扼要说明全部现象；继续开发范畴使其具有更细微、更完备的特征[91]。经过开放性编码、主轴编码及相关分析之后，本研究对核心问题范畴关系不断比较，将研究的主范畴归为"产业关联的方式""产业协同的途径""产业协同的效益"三个大的主范畴，并依据陕煤化集团多元化发展的故事线构建和发展出一个全新的"多元化大型煤炭集团产业协同的机理模型"，如图 3.2 所示。

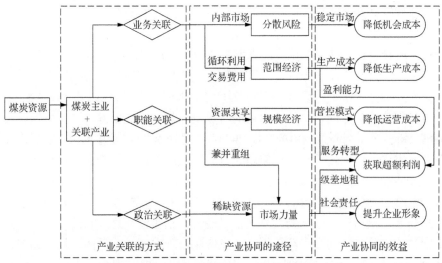

图 3.2　多元化大型煤炭集团产业协同的机理模型

3.2.4　理论饱和度检验

理论饱和度检验是作为决定何时停止采样的鉴定标准，为了检验理论饱和度，对预留的 26 个关键事件进行编码分析，得到的结果仍然符合"多元化大型煤炭集团协同机理模型"所表现的关系，没有发现形成新的范畴和关系，因此，可以认为上述理论模型是饱和的。由于事件较多，现列举 8 条为举证。

1-14：渭北矿区目前仍是集团公司的主力骨干矿区，在籍生产矿井 24 对，占全集团矿井个数的 77%，由于资源条件差(1-14-3-5 稀缺资源)、地质构造复杂，矿井规模小(1-14-3-5 规模经济)、用人多(1-14-3-5 管控模式)，经过几十年的开采，相继有 13 对曾因资源枯竭(1-14-3-6 稀缺资源)实施了政策性破产，从矿区稳定角度进行了重组(1-14-3-6 兼并重组)，其总计剩余可采储量仅 5333 万吨(1-14-3-6 稀缺资源)，平均服务年限不足 5 年。其余 11 对矿井中，剩余服务年限不足 5 年的有 3 对，总生产能力 315 万吨/年，剩余可采储量 4959 万吨(1-14-3-7 盈利能力)。"十二五"期间，渭北老矿区将又有一批老矿井因资源枯竭而彻底关闭。铜川、韩城、澄合、蒲白、陕煤建等老企业的资源接续与职工就业(1-14-3-8 社会责任)、矿区稳定的矛盾将更加突出。

2-11：在 2006~2010 年的"十一五"期间，陕煤化集团化工板块完成了两个最重要的转变，即产品结构的调整与产业升级(2-11-7-1 服务转型)。产业升级主要体现在两个方面：一是陕西陕化煤化工集团有限公司，由最初落后的生产技术逐渐转化到目前煤化工最先进的生产技术；二是陕西陕焦化工有限公司，同样由原先落后的生产技术发展到现如今产能达到 200 多万吨的焦以及一系列的焦化产品的先进生产线。整体上实现了由落后到先进的完全蜕变，产业产品的技术水平、质量、规模(2-11-7-2 规模效应)都得到了大幅度提高。在产品结构调整方面，渭化由原来的合成氨尿素发展到甲醇、二甲醚等以及醋酸、醋酐一系列高附加值的产品(2-11-7-2 循环利用)。除了醋酸、醋酐产品在技术引进方面出现了一些小问题而没有形成产能，其他产品均已形成了较高的产能(2-11-7-3 盈利能力)。

5-12：集团化是整合内部供应物流(5-12-7-3 内部市场)；就是物资集团这个架构要尽快搭建起来；物流只是在供应方，销售没拿进来。从供应物流到销售物流，除去中间生产环节不说，供应物流现在还是分散的，销售物流也是分散的(5-12-7-4 管控模式)。煤炭的供应和销售物流是集中的，其他包括铁路也是分散的，对外形成不了话语权(5-12-7-5 市场力量)，集中化程度不高。要实现 300 亿元的效益包括所有板块的产能，虽然煤炭集中化较好，但其他板块经营状况不太好(5-12-7-6 盈利能力)。

6-8：尽管煤电联赢(6-8-9-2 范围经济)抗市场风险能力强(6-8-9-2 分散风险)，但是全资的可能性由于专业化、国家政策(6-8-9-2 政治关联)的影响比较难以实现。6 家电厂 2012 年整体亏损 9.5 亿元(6-8-9-3 盈利能力)，岳阳电厂由于人员多，一直亏损。6 家控股电厂都希望把陕煤的煤作为主要供给来源(6-8-9-4 内部市场)；而陕煤也考虑把煤质稍次的煤在控股电厂中进行销售。

只要满足煤炭在电厂供应的竞争力，陕煤价格在区域里才有竞争力，电厂合作也就有竞争力，发展电力也就体现在煤价格上的竞争力(6-8-9-5 市场力量)。例如，河南煤价相对山西煤价高出几十块。

　　7-3：高陵年产 180 万吨矿渣超细粉生产线(7-3-1-4 盈利能力)，该项目由生态水泥公司与黄陵矿业公司合资，生态水泥公司控股，主要将龙钢的矿渣变成超细粉销往西安周边，以解决龙钢矿渣的综合利用问题(7-3-1-5 循环利用)，此项目于 2013 年底进行带料运行。在黄陵建立了 100 万吨的粉磨站，主要消耗富平的熟料以及黄陵矿业公司二期、三期整个电厂 20 万~30 万吨的粉煤灰(7-3-1-5 内部市场)，该项目主要在 2014 年 4 月进行带料运行。为解决汉钢 120 吨矿渣综合利用问题(7-3-1-6 循环利用)，由生态水泥公司与汉钢和西铁连出资 6000 万筹建勉县生态水泥公司。

　　8-11：长安银行是陕煤化集团金融管理板块中盈利较好(8-11-9-2 盈利能力)的金融机构，2012 年实现净利润约 7 亿元。自 2009 年投资建立长安银行以来，其净利润累计已经接近股本，整体运转情况较好(8-11-9-3 盈利能力)。但从其规模上来说，其总资产不到 1000 亿，信贷规模尚不到 500 亿元(8-11-9-4 规模经济)，虽然其盈利能力较为可观，但是对于陕煤化集团总体每年 400 亿庞大的融资需求(8-11-9-4 内部市场)，解决集团整体发展仍然显得力不从心。

　　9-13：联合陕有色集团共同开发洋县钒钛磁铁矿资源(9-13-7-6 稀缺资源)，形成年产 200 万吨铁精矿粉能力(9-13-7-6 盈利能力)。对这些矿山的考核也一直是纳入在钢铁产业自身的考核中(9-13-7-7 管控模式)。其他生产原料如冶金焦炭、煤炭燃料等集团内部的煤炭产业基本可以满足内需(9-13-7-8 内部市场)。焦炭及煤炭，陕钢炼钢用量需约 700 万吨/年(9-13-7-9 内部市场)。

　　9-17：在钢铁产能过剩情况下，出于政府(9-17-9-1 政治关联)和市场竞争力(9-17-9-1 市场力量)的因素，政府一方面希望保留陕钢板块，大力发展西部经济，另一方面陕钢也存在自身的区域资源等优势(9-17-9-1 资源共享)，所以未来仍有必要发展钢铁产业，基于产品结构单一的问题，如果大力开发新的钢铁产品，很少能依存现有资源进行建设(9-17-9-1 资源共享)，大部分需要重新建设，并且技术含量高、投入大(9-17-9-1 规模效应)，建设存在一定的难度。

3.3　机理模型的阐释

基于图 3.2 所构建的理论模型能够很好地对陕煤化集团多元化发展动因、路径和产业协同战略进行系统性的剖析，发现多元化大型煤炭集团产业协同机理遵循"方式—途径—效益"模式。煤炭主业与其他产业存在业务、职能和政治三种关联方式，并借助内部市场、循环利用、交易费用、资源共享、兼并重组、获取稀缺资源等措施来实现分散风险、范围经济、规模经济和市场力量等协同效应，这些协同效应得以发挥后会在降低成本、获取利润和提升形象等方面给企业带来具体效益[56]。由此，本书构建了一个系统化的产业协同理论模型，明确了不同关联方式下的协同效应形式及其实现途径，给出了相对应的具体经济社会收益，为企业成功实施产业协同提供了理论支撑。这种模式可概括地称为"12345"模式，即一种资源、二个产业、三类关联、四种效应、五类效益。结合关键事件对其具体阐释如下。

3.3.1　产业关联的方式

在煤炭资源的基础上，以煤炭产业为主，其他关联产业共同发展的多元化企业集团各产业相互关联的方式主要由业务关联、职能关联和政治关联三方面构成。①业务关联：每个产业在生产运营中避免不了要与其他产业发生一些业务间的来往，从而使得在整个企业集团中各个产业板块存在一些因业务关联而做出的发展决定和意见(2-1-1-1：2006 年陕西三大骨干化工企业并入；3-1-1-1：成立重装集团为煤炭生产提供了成套装备和工程机械；4-1-1-1：建设集团的成立为煤炭及其他板块的建筑施工提供了支持；6-7-8-3：控股电厂在高硫煤的销售中起很大作用；7-1-1-1：陕钢及电厂产生的大量废弃物使得建立生态水泥公司；9-10-7-2：龙钢集团主要承担生产所需铁矿石的对外采购；11-1-1-1：为推动集团产业的技术升级成立技术研究院等)。②职能关联：各产业下的子公司之间，各公司部门之间因其主要职能发生的联系(1-4-2-2：陕煤是煤炭产业的专业化运营公司，管理煤炭生产的所属公司；3-14-8-3：矿务机械厂以满足企业内部维修为主；9-11-7-3：与中部港口建立了良好的物流渠道确保集团的生产供应；11-7-5-1：集团设有科研平台，为产业升级、技术进步提供支撑等)。③政治关联：国家政策、政府提出的方针要求等对于企业的发展有很大影响(3-1-1-1：政府为发展壮大装备制造业对省内煤机板块进行整合；5-8-5-2：国企信誉是集团规模化发展的优势；6-6-8-2：地方煤电互保政策出现煤炭价格衔接问题；9-1-1-1：为整合陕西省钢铁产业，政府推动成立陕钢集团；10-6-3-2：集团曾提出"四换方案"，但当时政府作用较大，提案没有得到落实等）。

产业关联的方式分析说明国有大型煤炭集团的多元化进程既是企业主动谋求规模化发展的产物，也较多受到了政府行政干预的影响。在"黄金十年"中，煤炭价格一路升高为大型煤炭集团规模化发展提供了强有力的资金支持，鉴于此，煤炭行业加快了兼并重组的步伐，煤炭资源进一步集中，市场话语权逐渐增加；与此同时，迅速收购产业链上下游企业，试图谋求获取多元化所带来的降低成本和提高收益等众多利益。但不能忽略的是，这些行为背后都存在着政府的影子。由于煤炭行业作为资源性行业的特殊性，与此相关联的企业也大都具有国有企业性质，如电厂、钢厂、煤化企业、铁路等，管理关系上隶属于国资委，离开了政府许可，大型煤炭集团多元化行为不可能成功实施；同时，大型煤炭集团本身也属于国有企业，多元化进程中存在行政配给行为，这也是收益不佳的业务单元进入大型煤炭集团的主要原因，企业在这种情境下，总是试图依此来获取其他的掌握在政府手中的优质资源，抵消不良资产进入集团所带来的负面效益。这种策略也在针对中国企业样本的实证研究中得以印证[92]。

3.3.2　产业协同的途径

"产业协同效应"主要表现在四个方面：分散风险、范围经济、规模经济、市场力量。

(1)分散风险：在投资行业里有一个很著名的话"不要把所有的鸡蛋放在一个篮子里"，很明显，多元化产业发展的根本目的也是要分散风险，所以产业协同产生的效应之一也是要分散风险(1-11-4-4：2013年上半年，在煤炭经济状况不大景气的情况下，陕煤化集团盈利状况在同行还算比较不错，抗风险能力比较强；3-9-2-5：以一厂一品、兼顾多元的发展思路，通过技术改造升级等弥补以前起点低等缺点；10-4-2-1：成立铁路公司有三个，一是促进铁路建设，二是带动企业获利，三是增强集团融资能力)。

(2)范围经济：产业多元化使得企业扩大了经营范围，从而增加产品种类，协同也致使生产两种或两种以上的产品而引起单位成本的降低(2-24-14-1：形成陕煤化集团整体"煤炭—化工"战略，合理安排煤炭作为商品与原料的比例；3-9-2-5：专业配套生产的发展思路；6-1-1-1：结合陕煤化集团自身优势，实现废气余热等能源的再利用，发展煤电一体化；9-7-5-2：主打产品为建材，副产品的生产主要是与水泥板块协作)。

(3)规模经济:能够实现产品规格的统一和标准化,通过大量购入原材料,而使单位购入成本下降,有利于管理人员和工程技术人员的专业化和精简,有利于新产品开发,使企业具有较强的竞争力(1-12-4-7:通过建设新矿井及整合地方煤矿等,主要经营指标均以两年翻一番的速度增长;1-13-7-1:在煤炭安全清洁生产方面,瓦斯抽放、瓦斯发电等关键技术使得煤矿瓦斯"零排放"成为可能;5-6-4-5:通过内部供应的集成,形成规模,在集团物资体系建设中发挥作用;5-10-6-1:我们内部供应物流的整合是在300亿左右,如果整合规模资源,是非常大的外部市场开拓量;8-9-8-1:金融板块规模发展较小,盈利缺乏稳定性与持续性)。

(4)市场力量:是指企业成功将其价格提高到竞争水平以上同时具有不被竞争对手的反击竞争策略击垮的能力(1-1-1-1:2002~2003年煤炭行业集中度较低,在市场上竞争力也较弱,所以成立陕煤化集团,提高自身的市场竞争力;1-8-4-7:从分地区销售情况来看陕西是集团公司商品煤的主要市场;5-7-5-1:我们的比较优势,一是陕煤化规模大,二是物资要对外形成议价能力和影响力)。

上述协同效应是通过不同的协同方式来实现的。

(1)内部市场:内部市场的本质是企业内各价值环节,组织企业内部生产经营活动,充分挖掘企业潜力,增强企业活力,在提高企业市场运作效率的同时提高企业的整体经济效益(1-6-4-5:公司销售的商品煤主要在内部的电力、冶金及化肥行业;1-7-4-6:集团销售商品煤方式以铁路外运及公路地销为主,集团内部有自己的铁路专线;1-10-6-2:洗选的冶炼精煤、高炉喷吹煤及电煤等主要销往省内外参股控股的各个电厂等;3-10-3-2:目前陕煤内部市场占到15%,由于技术改造没有完成,装备制造的一些项目无法完成;3-12-7-4:物资板块与重装板块的招标信息沟通不畅,物资板块所涉及的内容不仅包括钢材还有其他大众材料,同时也涉及煤矿机械)。

(2)循环利用:是实现循环经济的一种有效模式,可以更有效地利用资源和保护环境,以尽可能小的资源消耗和环境成本,获得尽可能大的经济效益和社会效益(2-5-2-3:生产兰炭与电池的废气都作为生产电力的原料,采用网前供电使得发电成本降低;2-6-3-1:根据现有煤炭资源的特点,焦油含量偏高,在陕北收购了一些项目如煤焦油加氢,粉煤热井等;2-14-8-3:在煤焦油加氢技术方面,由于消费税的实施挤压原有利润空间,但是煤焦油加工石脑油、柴油成本较原油低;2-18-9-1:焦炉气制成甲醇,甲醇所含气体制成氨,形成了完整的循环经济链；7-6-3-1：计划将陕钢的钢渣得到充分利用，目前正在开发钢渣综合利用技术，已进入工业化实验阶段；9-5-4-1：2012 年二次能源基本实现 100%综合利用）。

(3)资源共享：有利于节约成本、提高效率、增强企业竞争力(2-3-2-1：配合陕北当地丰富的自然资源，在当地收购了 PVC 项目；2-4-2-2：配合当地煤炭、钢铁、盐及电力等丰富资源布局了兰炭生产、电池生产等有关产业链；2-9-4-3：依托陕北丰富的高焦油含量的煤炭资源，开展煤炭分质高效清洁利用技术；5-11-7-1：通过信息化平台和物流园区的建设达到"请进来"的目的)。

(4)交易费用：包括与市场有关的运输以及谈判、协商、签约、合约执行的监督等活动所花费的成本(4-5-4-3：在施工过程中控制细节，拓展市场，向结算方面发展；6-5-9-1：大部分产业板块有自己的自备电厂，以自发自用为主；9-15-8-3：陕钢的销售渠道主要通过经销商)。

(5)兼并重组：使得资源进行了更合理的优化配置，有助于产业的优化(8-1-2-1：2007 年控股开源证券；8-3-3-1：设立长安银行，是目前集团发展较好的金融机构；8-6-5-1：参股幸福保险，目前处于亏损状态；8-7-6-1：设立基金公司，得到中央级省政府和地方的财政补贴；9-3-2-1：组建汉钢公司；9-4-3-1：为增强全省产业的竞争实力，对陕钢集团进行重组)。

(6)稀缺资源：(1-5-3-1：陕煤地质储量 165.96 亿吨，资源储量及产量规模处于国家同行前列；9-9-7-1：陕钢在生产方面的原料供给部分可自给，有丰富的铁矿石；9-12-7-4：集团内部有自己丰富的矿山资源，大西沟铁矿 800万吨，铁矿石储量处于全国前列)。

综上，利用"内部市场"起到"分散风险"的效应，同时又降低了要素的"交易费用"，再经"循环利用"的作用，二者共同形成了产业协同中的"范围经济"。在"兼并重组"扩张企业规模的基础上，通过"资源共享"而产生"规模经济"，进而获得"市场力量"，拥有更多的话语权。再因政治关联而拥有的"稀缺资源"，增加了企业的"市场力量"。

3.3.3　产业协同的效益

产业协同的效益表现在"稳定市场""生产成本""盈利能力""管控模式""服务转型""级差地租""社会责任"这七方面。

(1)稳定市场：稳定的市场有利于"降低企业的机会成本"，使产业链在纵向发展上形成稳定的关系，确保企业的利益最大化(5-9-5-3：西安作为西部开发的桥头堡，在物流发展相对比较落后的区域，发挥的作用应该是举足轻重的；7-7-4-1：该生态水泥的销售市场主要包括西安市场与陕北市场两大块；9-6-5-1：是我国西部最大的精品建材生产基地）。

（2）生产成本：多元化产业的发展及协同的存在势必影响企业的生产成本（2-17-8-6：目前化工板块还是要引进高科技的加工技术，控制成本，生产高端的化学品；5-5-4-3：180 指数采购成本下降 13.8%）。

（3）盈利能力：专业化经营与多元化经营使得企业在赢利方面有显著差异，多元化产业的发展不仅降低了企业风险，也牵动着企业的盈利能力（2-20-10-2：陕北 PVC 项目由于产量的扩大导致管控力度较不足，且缺少熟练技工自投产以来一直处于亏损状态，经过整顿，七月份该项目已经开始逐渐盈利；3-11-5-1：重装集团的经济效益基本处于盈亏持平的状态；8-13-10-2：在保险行业的投资回收期较长，目前暂时处于亏损状态；11-6-3-3：整个研究院自成立以来一直处于盈利状态）。

（4）管控模式：管控模式对集团下属企业业务的相关性要求很高，为了保证下属企业目标的实现以及集团整体利益的最大化，综合平衡、提高企业间的资源需求，协调各下属企业之间的矛盾，降低"运营成本"（1-3-2-4：陕煤化集团的人力资源全权由集团代管，煤炭销售由专业的运销集团进行管理，物资采购由物资集团下面的物资公司进行管理；3-4-6-1：重装集团目前的人、财由集团进行统一管理，但物资管理分散分产，通过招标公司进行统招统采与统招分采相结合；3-3-1-3：陕煤化对重装集团进行重组整合，初步形成了参股、控股、均股、全资等多种股权并存的模式；5-4-4-2：物资管理形成了逐级负责，物资采购两极集中这样的格局；8-15-12-2：陕煤化集团对各成员公司的融资业务实行"统借统还"的原则）。

（5）服务转型：为达到产业协同的目的，服务的转型也是必要的使企业"获得超额利润"的途径（2-10-5-4：传统煤化工产业的生产规模将不再扩大，重要着力点将向新型煤化工产业发展；3-6-2-2：煤矿机械的 4 个子公司都是在原来维修的基础上，经过技术改造由维修转型为制造）。

（6）级差地租：煤炭行业作为国有型企业，级差地租的现象较为明显，也是企业获得"超额利润"的重要影响因素（9-16-8-4：在原料供应物流方面，目前主要是铁路专运线和汽运计划调配；10-7-8-1：榆林铁路和宝林铁路正在建设中）。

（7）社会责任：产业协同产生的效益不仅表现在了企业自身的内部经营盈利方面，也同时表现在了对社会的贡献上，很大程度上提高"企业形象"（1-13-7-1：煤炭安全清洁生产方面解决了煤与瓦斯突出的安全问题，拓展了老矿区的可开发资源范围，降低瓦斯排放浓度等；1-13-7-2：煤炭清洁利用方面，开发 DMTO 基础上优化改进，"榆林版"煤制油技术基本成熟；11-8-5-1：科研院目前人才不足，需合理引进专业性的人才）。

与当前理论研究多强调产业协同所带来的成本降低相比，本书发现协同效应也会给企业带来超额利润和社会效益。三种关联方式下都可能获得超额利润：在产业链模式下的业务关联中，超额利润来自于产业链中的强势产业，如煤炭产业链中的电力产业；在规模经营模式下的职能关联中，超额利润来自于发挥优势职能，如利用大型煤炭集团本身在资金、物资上的规模需求优势来发展物流产业；在行政干预下的政治关联中，大型煤炭集团在承担社会责任、提升企业形象的同时，也能够借助政府在资源分配中的支配地位来获取一些稀缺资源，从而取得垄断性的超额利润。这一发现具体地回应了产业协同方式已经从传统的资源共享向现代的价值链优化而转变的理论[93]。

第4章 大型煤炭集团产业协同度构建与评价

作为本书的主要理论贡献，第 3 章运用扎根理论方法构建了大型煤炭集团产业协同的理论模型，它经由"关联方式—协同途径—协同效益"三个维度所组成。接下来，我们将尝试运用大型煤炭集团上市公司数据对这一理论模型展开实证分析，以证明其科学性和有效性。作为第一步，本章将构建一个产业协同度，用于定量反映大型煤炭企业在业务关联和职能关联上的关联程度，为后续的实证分析打下基础。

4.1 大型煤炭集团产业协同的现状

4.1.1 多元化经营的现状

产业协同的前提是产业经营的多元化。截至当前，我国主要的大型煤炭集团都已经发展成为多元化企业集团，传统的纯粹以煤炭开采为唯一业务的专业化大型煤炭集团已经很少，我国大型煤炭集团多元化发展的现状如表 4.1 所示。可以看出，几乎所有的大型煤炭集团多元化发展重点都是以煤为主业的产业链式发展模式，即业界所谓的"以煤为基，多元发展"模式，这也决定了大型煤炭集团产业协同的机会更多地体现在煤炭产业链上下游之间的内部市场共享，是当前企业实施产业协同战略的重点。

表 4.1 我国大型煤炭集团多元化发展现状

大型煤炭集团	多元化的产业类型
神华集团	以自主创新为核心，延伸煤基能源产业链，陆续建设了煤制油、煤制烯烃、碳捕获及封存等示范工程
河南煤化工集团	煤炭、装备制造、有色金属、化工，还包括物流贸易、矿山建设
山西焦煤集团	煤—电—建材 煤—焦—化：焦炭、焦油、粗苯、甲醇
中煤集团	煤炭生产、煤化工、发电、煤机制造、煤矿建设五大主业协同发展
平煤神马集团	煤化工、盐化工、新材料、新能源
同煤集团	发电、煤化工、冶金、机械制造、建材建筑、多晶硅及光伏、旅游
兖矿集团	煤路港航产业链，煤化电产业链，煤电铝产业链

续表

大型煤炭集团	多元化的产业类型
山西晋煤集团	煤—气—化、煤—焦—化、煤—气—电、电力、煤机装备、新兴产业、现代物流贸易、煤炭就地转化、LED
冀中能源集团	煤炭精深加工，延伸生产转化尿素、二硫化碳、硝酸铵、碳酸钾、氯化铵等产品的"煤焦电化建运"循环产业链项目
潞安矿业集团	推进跨区域开发，形成六大矿区。以煤为基础，发展煤—焦—化、煤—电—化、煤—油—化三大产业链，建设四大园区，形成煤、化、电、油、硅五大产业
黑龙江龙煤集团	煤电、煤焦、煤化工、煤建材等产业链
山西阳泉煤业集团	"煤—电—铝"及"铝土矿—氧化铝—电解铝—铝产品加工"两条产业链，基本构建起煤炭、化工、铝电、建筑地产四大循环经济产业链
开滦集团	围绕煤—气—化和煤—焦—化两个主产业链：在新疆、内蒙古发展煤基烯烃及下游产品深加工、煤制天然气、煤制乙二醇产业链；在曹妃甸和京唐港区发展煤焦化、煤焦油深加工、焦炉煤气制甲醇、焦化化产品产业链
新汶矿业集团	新汶矿业集团伊型煤矿、煤化工、装备制造、商贸物流"四大基地"。煤焦油加氢、粗酚提纯、硫黄+液氨合成硫胺、废渣生产水泥建材
枣庄矿业集团	以煤炭为基础，集煤—焦—化工、电力、装备制造、工民建筑、现代物流、新能源开发于一体
淮南矿业集团	煤炭开采和煤炭深加工、煤化工、精细化工并重，建成煤焦化、盐化工、精细化工和煤电铝四大工业园区
陕西煤化工集团	"煤炭开发、煤化工"两大主业和"建筑施工、机械制造、电力、物流、金融服务"
淮北矿业集团	煤化—盐化一体化工程为龙头项目，构建"煤—焦—化—电"、"煤—电—铝—建材"、"煤—电—电石—PVC"等产业链，物流贸易，参控股铁路、港口和其他运输企业，构建物流产业平台。向外拓展煤炭资源：陕西、内蒙古两块煤炭资源
内蒙古伊泰集团	煤—电—煤化工—深加工"、"煤—电—有色金属冶炼—深加工"、"煤—电—工业硅—多晶硅—光伏发电组件"，坑口电站群、煤矸石发电、热电联产、煤电一体化
徐州矿务集团	煤基产业有电力、化工、工程施工、机械制造、物流、房地产、建材、商贸；非煤产业主导产品有特种钢材、防水材料、矿用机械、工程机械、建材机械、矿用电器、水泥等
中电投蒙东能源集团	以煤为基础、电力为支撑、有色金属上下游一体化、港口和铁路为保障，形成煤电铝、煤电硅两大产业链
河南神火集团	由单一煤炭产业步入了煤电铝材一体化经营发展，主要产品有煤炭、电力、电解铝锭、A356合金、铸造型焦等
安徽省皖北煤电集团	以采掘业为基础，以煤电化、煤炭物流、非金属材料开发、金融资本，紧盯煤化工高端领域，由传统中氮企业向新型煤化工及精细化工结合，煤制烯烃
河南义马煤业集团	煤电、煤铝、煤化工、煤建材四条产业链

资料来源：作者根据公开资料整理。

4.1.2　产业协同的现状

由于横向一体化下的产业协同很难予以客观真实的描述，这里只分析煤炭上市公司纵向一体化下的产业协同情况，其分析对象是对上市公司年报中所披露的关联交易数据，由于各个公司交易对象和规模差异较大，我们采取了分类综合的方法加以分析。当前，大型煤炭集团间的这种内部市场服务主要集中在出售/采购商品和提供/接受服务两个方面，2012 年这种协同活动的主要实施情况见表 4.2。

　1. 出售/采购商品

出售/采购商品主要是指集团中一个部门的产出品被另外一个部门所购买（调拨）作为投入品进行使用。就商品种类而言，大致包括煤炭、化工产品、电力、设备、材料、工程建设、热水和热气等，囊括了煤炭产业链的上下游各环节生产过程中所需的主要投入品或产成品，表明大型煤炭集团充分利用其纵向一体化发展优势，进行了大量的协同实践活动。

　1）煤炭

几乎所有的企业都有煤炭参与内部关联交易，其中，西山煤电、郑州煤电、阳泉煤业、云南煤业和冀中能源的煤炭需求全部由内部市场满足，而神华集团中煤炭营业收入的 25% 来自于内部市场，即大约 1.25 亿吨煤用于了内部市场，规模也非常庞大。总体看来，大型煤炭集团都尽可能地在内部市场中使用自己所生产的煤炭，最大限度地获取煤炭产品的剩余价值。

　2）化工产品

对于化工产业链较长的大型煤炭集团，如阳泉煤业，其化工产品在内部市场的流转环节较多，相应的占比达到了 100%；而山西焦化和河南神火等企业所生产的化工产品也有相当一部分用于了内部市场。

　3）电力

作为另外一个被广泛应用于内部市场的商品，电力被多数企业看作产业协同的要素，大同煤业、郑州煤电、阳泉煤业、恒源煤电等企业的电力需求主要来自于内部市场，对于需求电力较多的电解铝生产企业——河南神火，其内部电力供应也达到了 8.14%。这说明煤电产业链作为大型煤炭集团最基础的产业链被多数企业所构建并将其作为产业协同的重要途径。

4) 设备和工程建设

大多数企业的设备采购仍有相当一部分来自于内部市场，其原因与工程建设类似，都是因为改制前的大型煤炭集团大多拥有这项业务，且由于从业人员较多等，改制时仍然予以了保留。实践中，提供这些商品的内部业务单元大部分竞争力不强，只是通过内部市场而存在，这可看作国有企业产业协同的溢出效应。

5) 材料和水、汽

由于大型煤炭集团生产中需要大量的物料和热水、汽，大多数企业都将其看作一个潜在的市场，纷纷建立了自己的物料加工厂或热气、水泵站，这些业务单元所生产的产品基本是由大型煤炭集团自身消化，并且占同类商品的交易比例都比较高。

2. 提供/接受服务

从披露资料看，这种服务的种类比较多样，包括矿区服务费、固定资产租赁费、过轨服务费、通信费、修理费、运输费、工程监理、退休管理、福利费、土地使用权转让费、取暖费、污水处理费等不一而足，这些服务通常是由大型煤炭集团母公司统一为下属子公司提供，因此存在着一定程度的规模经济效应，其协同效益来源更倾向于由横向一体化产生。

从规模上看，神华集团、中煤能源、西山煤电、阳泉煤业和平煤集团在内部服务方面的交易额较大，如果分项加以分析，物流运输服务占比最大。如神华集团，在铁路、航运和港口方面的内部物流交易额达到了 265.75 亿元，占这三项业务收入总额的 82.10%，也就是说，神华集团所拥有的神朔黄铁路、准大铁路、黄骅港、天津码头和航运公司等物流资源主要用于运输自己所生产的煤炭，而对外运输比例仅占 17.90%，这种协同关系是神华集团实现煤电路港航一体化运营模式的重要支撑。

总体看来，大型煤炭集团都在尽可能的范围内通过内部市场使用着本集团所生产的产品或服务，像阳泉煤业等企业，其内部市场所能提供的所有商品全部由其提供，在煤炭、化工产品、电力、设备、材料和热水汽等方面的内部市场占比均为 100%，希望通过内部市场产生协同效益的意图非常强烈。

表 4.2　2012 年大型煤炭集团关联交易情况

企业名称	出售/采购商品														提供/接受服务
	煤炭		化工产品		电力		设备		材料		工程建设		水、汽		
	金额/亿元	比例/%	金额/亿元	比例/%	金额/亿元	比例/%	金额/亿元	比例/%	金额/亿元	比例/%	金额/亿元	比例/%	金额/亿元	比例/%	金额/亿元
安源煤业	11.36	9.27	—	—	1.95	37.84	—	—	0.17	2.63	—	—	—	—	0.51
大同煤业	17.29	11.98	—	—	2.89	100.00	—	—	7.20	104.14	—	—	0.38	100.00	7.08
兖州煤业	38.74	12.00	—	—	2.35	68.00	—	—	4.54	50.00	—	—	—	—	4.22
西山煤电	67.53	100.00	—	—	0.90	1.80	10.32	13.20	11.30	14.49	—	—	—	—	52.32
郑州煤电	1.47	100.00	—	—	1.69	100.00	—	—	3.82	3.46	—	—	—	—	0.35
阳泉煤业	207.17	100.00	141.30	100.00	4.92	100.00	7.03	100.00	22.99	100.00	13.43	74.76	0.37	100.00	38.81
恒源煤电	0.21	0.26	—	—	0.08	100.00	—	—	0.58	10.17	—	—	0.05	100.00	0.20
开滦能源	25.16	18.69	0.08	0.01	1.48	46.31	0.14	2.65	0.06	0.05	0.02	0.02	—	—	—
平煤集团	48.08	23.13	1.13	34.79	8.99	95.16	0.80	1.80	9.16	31.49	—	—	—	—	30.38
山煤国际	18.61	2.05	—	—	—	—	—	—	—	—	—	—	—	—	8.84
山西焦化	32.23	18.58	32.65	12.39	20.94	8.14	0.02	2.50	0.23	74.35	0.92	0.36	0.02	95.83	0.42
河南神火	2.01	0.78	0.20	2.76	4.87	0.68	1.57	0.61	0.01	0.02	—	—	0.03	0.01	0.01
云南煤业	34.32	100.00	—	—	—	—	0.01	1.54	0.15	14.92	—	—	6.43	100.00	—
中国神华	348.51	24.74	—	—	—	—	17.87	48.15	18.94	44.62	46.48	4.85	2.42	28.88	265.75
中煤能源	46.48	4.85	—	—	—	—	24.36	3.90	0.33	0.05	—	—	0.78	0.13	44.67

续表

| 企业名称 | 出售/采购商品 | | | | | | | | | | | | | | 提供/接受服务 |
| | 煤炭 | | 化工产品 | | 电力 | | 设备 | | 材料 | | 工程建设 | | 水、汽 | | |
	金额/亿元	比例/%	金额/亿元	比例/%	金额/亿元	比例/%	金额/亿元	比例/%	金额/亿元	比例/%	金额/亿元	比例/%	金额/亿元	比例/%	金额/亿元
兰花科创	2.50	11.28	—	—	4.57	73.39	0.13	24.87	0.02	5.40	—	—	—	—	0.20
冀中能源	55.25	100.00	0.13	6.90	0.01	0.17	4.09	35.60	52.69	63.47	1.44	7.10	0.12	4.06	6.15
甘肃靖远	0.32	8.62	—	—	0.17	18.82	0.78	21.00	0.49	13.59	1.88	50.43	—	—	0.24
山西潞安	0.32	0.83	—	—	0.04	1.72	0.78	67.00	0.49	100.00	1.88	59.00	—	—	0.07
贵州盘江	3.23	15.47	—	—	0.10	0.10	0.34	77.69	3.39	30.30	1.40	9.49	—	—	—
上海大屯	—	—	—	—	0.096	0.10	1.94	22.77	—	—	—	—	—	—	5.27

4.2　协同度的构建

前面对协同度的分析是从定性角度阐述的，为后面定量研究的需要，我们试图对其进行定量化描述，这是通过构建并核算协同度来实现的。

4.2.1　已有的定性构建

当前，产业协同度研究的最主要方法包括投入产出法和层次分析法。

1. 投入产出法

投入产出法是把一定时期内的多个国民部门将原料来源与生产去向列为一个纵横交错的投入产出表，并基于这个表格建立产业间的关联关系，计算各种消耗系数来定量描述产业间的关联程度，以此来进行预测和经济分析的方法。通过编制投入产出表和构建相应的数学模型，就能够清晰地揭示集团公司各部门、各产业之间的内在结构联系，特别是能够反映各部门间的直接与间接关联，以及各部门生产与消耗、生产与分配使用之间的平衡关系，因此，投入产出法又被称为部门关联平衡法。

如果从内部交易的视角看，投入产出法描述了产业链上下游的不同产业间的物质流动、流向和强度，因此常用直接消耗系数来反映某一个产业与其关联产业间的直接依存程度，其公式为

$$a_{ij} = \frac{x_{ij}}{x_j} \qquad\qquad (4.1)$$

式中，x_{ij} 为第 j 个产业在生产过程中对第 i 个产业产品的消耗量；x_j 为某产业产品的总产出；a_{ij} 为第 j 个产业每生产单位产成品所需要的第 i 个产业产成品的数量，即直接消耗系数。

但这种方法并不适用本书的研究目标。投入产出法描述上下游产业间的技术经济关联，所用的投入产出数据均为该产业所消耗的完备数据，如支燕等基于四时点投入产出表测算了中国汽车产业的协同演进特征及协同度[94]，使用的就是 1992~2007 年中国投入产出表；而本书所探讨的产业协同只是试图考察集团内部某产业所消耗的另一产业的产品中有多少来自于内部市场，以此反映二者的协同度和协同效应。故投入产出法多用在宏观层面的产业关

联分析，而较少应用在集团层面的协同效应研究中[①]。

2. 层次分析法

相对于纯定量的投入产出法，层次分析法是一种定性与定量相结合的方法，并在协同度测量和评价领域得到了广泛的应用。

在社会生态环境领域，刘耀彬等构建了由协调度函数、功效函数和评价序参量所组成的城市化与生态环境协调度模型，用于评价二者之间交互作用的和谐度[95]；张远等用综合协调指数来表示经济、环境、社会和资源之间的协调度水平，并用数学语言对其进行翔实的描述[96]；张妍等结合层次分析法和因子分析法从发展、循环和协调等三个角度分析了城市复合生态系统的可持续发展问题[97]；唐晓波等设立了供应链协同指标体系，包括协同性、时间性、鲁棒性、可重构性、成本和规模可调性[98]；陈甲华等运用二级模糊综合评判法，建立了包括采购协同、技术协同、基础设施协同、生产协同和市场协同在内的供应链协同指标体系[99]；阎颐运用层次分析法和模糊信息熵法，对某 HG 公司的供应链运行协同度通过专家打分法进行了实证评价，并对其评价结果进行了政策解读[100]。

在产业协同方面，王鹏对精细化工企业战略要素进行了分析后，选取资源、管理、组织和文化四个要素为精细化工企业协同战略的评价基础指标，并进而分解成 13 个一级指标和 40 个二级指标，构成了企业协同战略评价指标体系[101]；王传民将某个县域经济协同发展看作一个系统工程，建立了一个包括经济、科技、社会和环境协同发展的指标体系，并应用这一协同发展成熟度指标体系对全国 2056 个县的协同情况进行了评价[102]；彭志忠根据县域产业部门的产值结构、资产结构和就业结构三个侧面及其他们之间的映射关系，构建了一个县域经济产业协同成熟度模型，并运用灰色关联分析法研究了它们之间的协同问题[103]。

可以看出，基于层次分析法的协同度构建法应用范围较广，既可以用在产业、区域上的中观层面，也可以用在公司微观层面上；并且该方法外延性较大，它可以将所有的考察因素都囊括进指标体系中，因此符合产业协同从系统考虑的要求。但我们认为该方法在应用上的缺点包括：①主观性太强。由于涉及的影响因素太多，并且许多因素无法准确测量，造成这种方法严重依赖调查问卷，被调查者年龄、职业、经验、教育背景等因素方面所存在的差异都会在一定程度上影响这种方法的客观性；②仅从要素关联视角来考察

---

① 另一原因是完备的企业投入产出数据较难获取。

协同度。已有指标体系构建的重点多放在指标要素的科学性和完备性上，计算的主要对象是要素之间的关联性，关联性大小反映了系统的协同度，而很少有研究是从协同效益的视角来定义协同度，即以协同效应大小来反映协同度程度；③难以获取大容量样本数据。由于这一方法涉及因素众多，即使对一个单位展开评价都需要调查该单位的众多人员才能获取相关数据并计算得到协同度值，如果因研究需要获得大容量样本时，这种方法就显得费时费力，给研究带来困难。

4.2.2　本书的定量构建

本书所构建的协同度试图从协同效应视角来客观地反映协同度大小，从而一方面有利于下面研究的开展；另一方面也为大型煤炭集团管理者提供一个更为直接的衡量协同效果的指标变量。

1. 协同度构建的原则

在构建协同度过程中应坚持正确的指导原则，努力使其既符合产业协同的本质内涵，同时又能够满足理论研究和管理实践的需要。

1）科学性原则

要深刻理解产业协同的科学内涵，从中抽象出最能反映其本质的变量指标，并对这些指标进行科学组合，最终使其能够最大限度地反映产业协同程度。

2）重要性原则

对比此前的研究，本书的特色就是要求协同度的构建必须突出重点，而非面面俱到，要紧紧把握大型煤炭集团在产业协同中的实际做法和现实要求进行，形成易于操作和理解的指数体系。

3）效应导向原则

以往的协同度体系多侧重于因素之间的关联关系，但都不能用之反映协同效应，为此，本书协同度构建的原则基于协同效应来进行。

4）可行性原则

实践中困扰着管理者进行产业协同操作的重要原因是协同效应难以量化，这也是本书研究的难点，因此，所构建的协同度必须基于客观反映企业发展状况的数据资料来进行，而不是仅停留在理论上。

2. 横向一体化下协同度

对于收购、兼并或重组后的协同效益问题，理论界的意见并不统一，甚至其被定义为"虚无的想象"[104]，这可能是由于管理者盲目地追求并不存在的协同效益，将根本不是竞争优势来源的业务或技能连接起来或实现共享，这时，错误的分析判断或低劣的实施手段是导致协同失败的主要原因[105]。

上述观点颠覆了协同效益来自要素共享的传统观点，Kanter 据此认为协同效益的最主要来源是通过协同解决了规模化的多元集团公司的"X 非效率"问题，而具体手段是通过实施管理创新来实现的[106]。如果赋予企业基层管理者更多的权利，取消不必要的审批和检查，据此一方面减少管理层次；另一方面通过管理跨度的加大减少管理人员的数量，这样就拆散了原有的大型管理部门，其职能转由下属企业的职员来执行，公司的组织结构变得越来越扁平化，使得内部纵向关系的重要性大为降低，促进了不同产业部门间的相互沟通合作，使公司运作效率大为提高，管理费用也因此大大降低，而这种横向的紧密合作关系是公司获取协同效益的关键。

对于大型煤炭集团而言，并购后的管理费用也是用于衡量协同效益的合适变量。大型煤炭集团相互兼并重组后，由于地理上仍然分散各处，甚至远隔数省，在设备、材料等硬件方面来实现共享的机会并不大，更多的是管理经验和管理模式的共享。以山东能源集团为例，在对新汶矿业集团有限责任公司、枣庄矿业(集团)有限责任公司、淄博矿业集团有限责任公司、肥城矿业集团有限责任公司、临沂矿业集团有限责任公司、龙口矿业集团有限公司六家大型煤炭集团进行重组整合后，为获取战略协同效益，首先就是确立了"三个层次""三个中心"的管理架构，最大限度地减少管理层次，强化管理效能；同时，实施了"一个主体、一个拳头、一种声音"的营销战术，改变了无序竞争、各自为战的局面，营销管理费用也大幅下降；启动了大宗物资集中采购，对钢丝绳、电缆等五个业务单元的 67 个品种进行集中采购，由此大幅降低了采购成本；在资金统一管理中，利用兼并重组后的规模优势，拓宽了融资渠道，提升了融资水平，在投资方向和力度上也更为科学，投资风险显著降低。

可以看出，大型煤炭集团重组动机除了获取规模优势，另一个重要动机就是将分散于不同企业的生产要素集中于一个公司并通过现代化管理制度来提高经济效益，通过"规范管理、精细管理"来实现协同效应。因此，可以用管理费用来定量地衡量横向一体化后的管理协同效应，这一指标最为直观、

客观和有效；同时，考虑到管理效率与规模直接相连，因此需要将规模因素考虑在内，故可用二者之比来表示单位规模的管理费用，即

$$UMC = \frac{MC}{SCALE} \qquad\qquad (4.2)$$

式中，UMC 为单位规模管理费用；MC 为总的管理费用；SCALE 为企业总规模。可以看出，在企业总规模固定时，总的管理费用越大，单位规模管理费用越大，表明由管理带来的协同效益越不显著，反之亦然。将管理费用进行单位规模化处理后，不同企业的管理协同效应就可以进行对比研究了。

为研究方便，将横向一体化下协同度定义为

$$HSI = 1 - UMC \qquad\qquad (4.3)$$

式中，HSI 为协同度。经过这种转换后，当 UMC 越小，即 HSI 值越大时，协同效应就越显著。

3. 纵向一体化下协同度

Kanter 在《寻求并实现协同》一文中也提出了"内部服务商业化"的协同模式，即对于业务上存在着上下游关系的公司重组时，可以将内部服务机构转变为利润中心，允许它们同时向公司内部和外部的企业提供服务。这样做的好处是发挥市场导向的作用，促使那些管理官僚转变成企业家，并由市场来决定他是否能为公司增加价值，而一些内部的服务部门也具备了盈利能力。由此，管理层次中的等级观念逐渐被市场关系取代，带来了企业运营效率的提升，产生了两个部门之间的协同效益。

这种最初基于服务内部市场化的理念在大型煤炭集团中被发展成为广为实施的"内部市场化"的管理模式，内部交易对象从最初的个别企业内部的物料、半成品和成品，逐渐发展成为集团公司不同业务单元之间的产品交易，成为当前大型煤炭集团发挥一体化优势、实现协同效益的主体。如神华准能集团有限公司运用煤炭产品全生命周期理论打造循环经济产业链，在广为所知的煤电路一体化基础上，相继建设了 $2 \times 150MW$ 和 $2 \times 330MW$ 的发电厂，该电厂每年所耗的 98.3 万吨煤和 29.5 万吨煤矸石全部来自于公司所产，所发电力主要用于年产 4000 吨氧化铝的生产，而生产铝的矿物原料从粉煤灰中提取，对于矸石电厂生产后的废渣被用来生产砌砖，从而形成了"劣质煤及煤矸石—发电、粉煤灰—氧化铝—原铝—铝型材、镓、硅及废渣制砖"等一体

化完整的循环产业链，物质在这些部门之间的流通采用市场化的方式，从而降低了外部交易成本，取得了以范围经济为特征的协同效应。

从市场风险规避角度看，这种上下游间的合作关系也会带来显著的协同效应。以煤与电为例，多年以来，煤炭和电力两大行业关系一直不协调，当煤炭供应紧张时"电力求煤炭"，当煤炭供应宽松时"煤炭求电力"，以致有些年度二者根本谈不拢造成"电荒"现象，利益分配格局也不断地在二者之间变换，如前几年煤赚钱，而这两年电赚钱。当大型煤炭集团发展电力板块或以股权为纽带进行煤电联营后，煤炭关系由原来的"跷跷板"走向"平衡木"，实现了风险共担、利益共享机制。如在当前煤炭行情不景气的背景下，大型煤炭集团可以通过自营或关联电厂来获取稳定的市场需求，同时也可以将一些品质没有竞争力的煤炭通过这些电厂予以消化，获取协同效应。2012年，山西大同煤矿集团重组中电投漳泽电力后，当年即稳定了 1500 万吨市场，在煤价持续下跌时，同煤集团整体依然实现盈利，其中电力产业贡献非常大，从而实现了风险规避。

由此，可以认为大型煤炭集团不同产业间通过内部市场进行的产品交易是获取协同效益的重要来源，可以用各物资在内部市场的使用程度来界定纵向一体化的协同程度，即定义纵向协同度

$$\text{VSI} = \sum_{i=1}^{n}\left(\frac{\text{IT}_i}{\text{TT}} \times W_i\right) \tag{4.4}$$

式中，IT_i 为内部市场交易中第 i 个业务的交易金额；W_i 为第 i 个业务内部交易量占该类业务全部交易量的比例，即 $W_i = \text{IT}_i /(\text{IT}_i + \text{ET}_i)$，ET 为外部交易额；TT 为存在着内部交易的所有业务发生量总金额，即有内部交易业务的所有业务的内部交易额与外部交易额之和，n 为存在着内部交易的业务数量。

可以看出，该指标综合反映了内部交易规模和比例对协同程度的影响，即将所有可能进行内部交易的业务发生总量作为考察对象，如果内部交易额越大，内部交易所占比例越大，则得到的纵向协同度越大，反映协同度越高。在理想情况下，如果所有可能进行内部交易的业务全部通过内部交易完成，则该指标值为 1。

4. 综合协同度

为了综合反映横向一体化协同效应和纵向一体化协同效应，将二者进行综合，即

$$SI = HSI + VSI \tag{4.5}$$

式中，SI 为综合协同度，其值越大，协同度越高，反之，其值越小，协同度越小。

4.3 大型煤炭集团产业协同度评价

4.3.1 协同度评价结果

运用本书构建的协同度对 2010~2012 年大型煤炭集团上市公司的产业协同程度进行核算和评价，结果如表 4.3 所示，考察期间大多数企业的协同度都大于 1，平均值在 1.25 左右，横向一体化协同度的均值为 0.94，纵向一体化协同度的均值为 0.31。

阳泉煤业、神华集团、云南煤业、中煤能源、大同煤业和甘肃靖远的综合协同度较高，普遍都超过了 1.5，表明这些集团的总体产业协同保持了较高水平；就其结构而言，云南煤业和甘肃靖远的横向协同度较低，其高产业协同度更多是基于较高的纵向一体化协同度而实现的，说明西部大型煤炭集团在企业管理效率上还有提升的空间，而其余四家企业的横向一体化指标和纵向一体化指标都相对较高，是行业内实施产业协同战略比较好的企业。

产业协同效应不显著企业的协同度大多在 1.00 左右徘徊，包括安源煤业、开滦能源、山煤国际、河南神火和兰花科创等，这些企业的共同特点是纵向协同度明显偏小，如安源煤业 2011 年和 2012 年的纵向度仅在 0.09，较平均值 0.31 小许多。除了产业协同战略实施力度的原因，另外一个原因是这些集团的多元化水平相对单一，受产业协同的内部市场容量本身有限所导致，未来提升产业协同的空间在于提高集团的统一管控水平，向管理要效益。

剩余的其他企业的产业协同度表现居于中间位置，如西山煤电、郑州煤电等，但各自在横向一体化和纵向一体化上的表现也各不相同。平煤集团、山西潞安等企业的横向一体化协同度维持在 0.90 或以下，相对比较小，管理协同水平还有待改善，但纵向一体化协同度都在 0.4 以上，高于平均值，内部市场的培育效果较好；而贵州盘江和上海大屯等则与此相反，它们的横向一体化协同度在 0.93，但纵向一体化协同度在 0.30 以下，企业管控水平好于内部产业协同水平。

表 4.3　2010~2012 年大型煤炭集团的协同度

企业名称	2010 年			2011 年			2012 年		
	横向指标	纵向指标	协同度	横向指标	纵向指标	协同度	横向指标	纵向指标	协同度
安源煤业	0.92	0.31	1.23	0.91	0.09	1.00	0.95	0.09	1.04
大同煤业	0.96	0.46	1.42	0.95	0.46	1.41	0.95	0.28	1.23
兖州煤业	0.95	0.08	1.03	0.96	0.10	1.06	0.96	0.18	1.14
西山煤电	0.92	—	—	0.92	0.29	1.21	0.94	0.32	1.26
郑州煤电	0.94	0.32	1.26	0.94	0.40	1.34	0.91	0.35	1.26
阳泉煤业	0.94	0.77	1.71	0.93	0.73	1.66	0.94	0.67	1.61
恒源煤电	0.97	0.41	1.38	0.94	0.44	1.38	0.94	0.29	1.23
开滦能源	0.95	0.25	1.20	0.95	0.39	1.34	0.93	0.14	1.07
平煤集团	0.91	0.38	1.29	0.89	0.39	1.28	0.90	0.40	1.30
山煤国际	0.97	0.04	1.01	0.97	0.03	1.00	0.97	0.02	0.99
山西焦化	0.98	0.01	0.99	0.98	0.05	1.03	0.98	0.18	1.16
河南神火	0.98	—	—	0.98	0.05	1.03	0.98	0.07	1.05
云南煤业	0.84	0.67	1.51	0.96	0.63	1.59	0.96	0.18	1.14
中国神华	0.96	0.71	1.67	0.97	0.76	1.73	0.97	0.73	1.70
中煤能源	0.97	0.53	1.50	0.97	0.47	1.44	0.98	0.62	1.60
兰花科创	0.96	—	—	0.95	0.13	1.08	0.95	0.11	1.06
冀中能源	0.87	0.26	1.13	0.90	0.40	1.30	0.91	0.61	1.52
甘肃靖远	0.89	0.66	1.55	0.87	0.73	1.60	0.91	0.32	1.23
山西潞安	0.88	0.41	1.29	0.81	0.47	1.28	0.89	0.54	1.43
贵州盘江	0.93	0.17	1.10	0.94	0.36	1.30	0.94	0.23	1.17
上海大屯	0.93	0.29	1.22	0.92	0.14	1.06	0.93	0.29	1.22

规范统一的协同度指标的核算，一方面为不同企业之间的协同度比较提供了可能，也为下面的定量分析打下了基础。

4.3.2　协同度的结构分析

进一步对协同度从横向和纵向两个维度进行结构分析，如图 4.1 所示。可以看出，各企业在横向指标上虽有所起伏，但波动幅度并不十分明显，表明单位规模上所花费的管理成本大致相当，规模大的企业所拥有的因规模经济而节约的管理费用并不显著；但就纵向指标来看，该项指标不仅有起伏，而且波动幅度比较大，表明各企业在内部市场培育方面存在着较大差异。换而言之，大型煤炭集团在纵向产业协同上尚有较大潜力可挖，但横向产业协同的提升还存在着不小的困难。

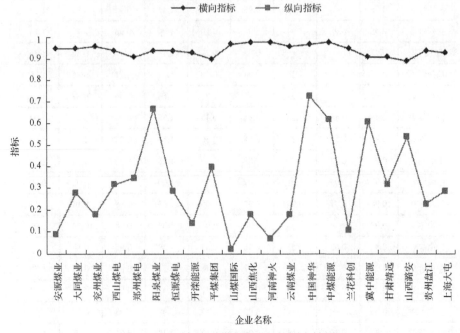

图 4.1　2012 年大型煤炭集团的协同度结构图

将横向指标和纵向指标综合进行考察，发现一个有意义的现象是企业横向指标相对小时，它的纵向指标相对较大；反之，当横向指标相对大时，它的纵向指标相对较小。这也就反映了企业多元化过程中长期存在的一个悖论，即扩大产业规模时，将会带来更多的产业协同效应机会，但企业规模扩大所带来的"X 非效率"问题，也会将这部分协同效应所抵消。因此，实施多元化和规模化以后，企业绩效到底有没有因此而改善，就取决于二者此消彼长的综合效应，而非单独某一效应所决定的。下面将对横向产业协同、纵向产业协同与大型煤炭集团绩效之间的关系展开定量衡量，对上述悖论给予回答。

4.4 本 章 小 结

通过对我国主要大型煤炭集团的多元化发展轨迹分析，发现它们现今大多形成了"以煤为基，多元发展"的格局，这种产业链式的纵向一体化模式为大型煤炭集团利用内部市场的产业协同提供了可能，也是当前我国大型煤炭集团实施产业协同的重点，这在对 2010~2012 年上市公司的年报数据分析中可以找到依据。

基于这一认识，本章构建了一个不同于传统的以投入产出法和层次分析法来定义产业协同度的数学方法，即以管理费用来度量横向一体化的协同效应，以内部市场中的业务交易量来度量纵向一体化的协同效应，二者综合成为衡量企业产业协同度的指标。这一定量化的评价结果为实证分析提供了依据。

对 21 家煤炭上市公司的核算表明，大型煤炭集团的横向一体化协同度均值为 0.94，纵向一体化协同度均值为 0.31，表明大型煤炭集团通过提高管理效率来在横向一体化中提升效益的空间已不大，相反，更应该发挥纵向一体化的优势，充分挖掘内部市场潜力，实现内涵式可持续发展。

第5章 大型煤炭集团产业协同与协同效益

按照前面产业协同机理模型的假设，多元化的大型煤炭集团加强产业协同（即提高产业协同度）会带来如降低机会成本、降低生产成本、降低运营成本和获取超额利润等协同效益（图3.2），当然，这种协同效益也直接表现为对公司绩效的贡献。问题在于，企业多元化及在此基础上的产业协同是否真的在实践中带来了协同效益或对公司绩效有所贡献，现有的文献结果并不相同，由此引发本书对理论模型的实证分析。

人们通常认为，企业实施多元化的目的有两方面：一是避免单一经营所存在的不稳定性风险；二是用好资源更多地占领市场和开拓新市场为企业带来更好的经营绩效。但大量的研究文献结果表明：多元化与公司绩效之间或呈现倒"U"形关系[107]，或是多元化与公司绩效间呈负相关关系[108]，或是多元化与公司绩效没有显著的相关关系[109]。研究结论的不一致引发人们对这一问题的更多思索，有学者认为实施多元化是否带来公司绩效与行业相关[110]，有学者认为与规模相关[111]，还有学者认为与公司年龄相关[112]，如此不一而足；其中，安索夫所提出的产业协同理论最具影响力，它认为多元化是否会带来公司绩效取决于产业协同情况，即是否通过业务单元内部协作，达到了物尽其用、人尽其才，从而产生"1+1>2"的运作效果[113]。

安索夫的观点是本书的重要基础。按照这种观点，多元化与公司绩效之间就不应该是简单的二元论，而应该是如第4章所描述的以产业协同为中介变量的"多元化—产业协同—公司绩效"三元论。但问题在于，这种观点也只是多元化与公司绩效之间众多关系的一种解释，是否成立还需要更多的实践检验，虽然当前理论界对产业协同展开了大量的研究，但主要集中在产业协同内涵[1]、产业协同会产生的经济效应[17]、协同的实施方式[35]和协同效应的评价方法[68]等方面，侧重于定性的概念界定和具体实施方法的研究，其研究基础建立在产业协同会给多元化企业带来公司绩效这一假设之上，但没有研究来定量地验证这种假设是否成立？在何种情境下成立？自然也没有文献来测定不同类型的产业协同对公司绩效的影响，而这对完善该理论体系又至关重要。

基于这一认识，本章在前面所构建的理论模型基础上，对大型煤炭集团的产业协同与协同效益之间的关系进行定量研究，从而从煤炭行业角度对多元化、产业协同和协同效益之间的关系进行实证检验。

5.1　研究假设

多元化战略与经营绩效的关系一直是战略管理领域的一个研究重点。20世纪 80 年代以来，国内外学者对二者的关系进行了大量的实证研究，主要研究内容是多元化程度以及不同多元化战略类型对公司绩效的影响。由于本书侧重于不同产业间协同程度对经营绩效的影响，因此重点对涉及产业协同的文献进行回顾并提出假设。

5.1.1　多元化和公司绩效

从已有文献来看，大量学者从不同的角度对多元化与公司绩效之间的关系进行了研究，得到了并不一致的结论。一方面，有研究认为适度的多元化能使企业剩余资源得到有效的利用，提高企业内部资源的利用效率；或在企业内部形成资本市场，有效地降低运行成本[114]；或帮助企业分担经营风险，扩大企业规模，获得规模经济，从而带来了公司绩效。对于类似中国背景的转型经济体，国际上通常利用制度理论来解释企业的多元化战略选择，认为转型经济下的制度特征是影响公司行为并导致多元化的重要因素。由于转型经济体的共同特点是市场机制不完善或者效率不高，很大程度上是缘于政府的干预或是对资源的垄断，以传统的社会网络机制代替科学的市场机制进行资源分配。因此在转型或者新兴市场经济国家中，虽然市场机制发挥一定的作用，但是国有企业的发展在很大程度上仍然依赖非市场体系(如政府的控制和市场网络等)获取资源 [115-117]。由于非市场体系掌握的大多是资金、人才等通用性资源，而它可以支持各种经营模式，由此造成转型经济体的国有企业依托这些通用资源进行再投资，实现多元化经营。在此基础上提出假设 1。

假设 1：国有企业多元化与公司绩效正相关。

从大型企业的经营实践看，企业多元化包括与主业有关的相关多元化和与主业无关的非相关多元化。对相关多元化而言，企业围绕着自身的经营主业，利用本身具备的生产条件、管理团队、技术条件和市场渠道将业务范围扩展到上下游产品，从而实现较强的协同效应。现有文献的研究结论中，企业发展相关多元化和非相关多元化与公司绩效间的关系是互相矛盾的。

Rumelt[118]认为与企业非相关多元化相比较，相关多元化将会给企业带来更多的利润，这是因为企业可以将一定规模的固定资产和非固定资产(如生产线、知识、技能和经验)向其他的新产业领域进行转移，而非相关多元化会由于企业涉入新的不熟悉的市场带来较大的沉没成本，从而在一定程度上减少了企业的利润。同时，Rumelt 还通过研究 1949~1969 年美国相关多元化企业的公司绩效，发现相关多元化企业的绩效在财务指标和非财务指标上的表现都比非相关多元化的公司绩效要好。自 Rumelt 的研究之后，大量的实证研究证明相关多元化可以比非相关多元化更好地提升企业的利润，有研究认为从资产回报率(return on assets,ROA)指标上看，企业发展相关多元化将会比发展非相关多元化高出 1~3 个百分点，有研究认为企业发展相关多元化所带来的利润增长显著高于企业发展非相关多元化的利润增长。基于这种研究，国有企业大都主动地通过延伸产业链来发展相关多元化。据此提出假设 1A。

假设 1A：国有企业的相关多元化与公司绩效正相关。

关于企业发展非相关多元化的经营策略是否会促进公司绩效的增长，长期以来一直受到学术界的争议。非相关多元化是指企业发展的新业务与原有主业间没有明显的战略适应性，所增加的产品是新产品，服务领域也是新的市场。企业在跨入新的经营领域时，将不可避免地打破原有的分工、协作、职责、利益平衡等机制，管理协调难度也将大大增加；同时，非相关多元化一定程度上依赖于企业的通用资源，非相关多元化若把企业的稀缺资源如资金、人才、技术等进行分散，容易造成经营力量分散，导致主导产品或者主营业务失去竞争优势。Marisa 和 Manuel 使用 1992~1995 年西班牙 103 家非金融性公司的数据研究多元化与公司绩效的关系，发现非相关多元化并没有显著地增加公司绩效[119]。Teece[120]认为相关多元化的各业务单元间相互关联且共享市场、销售渠道、技术、品牌声誉和原材料等，会提高公司绩效；则非相关多元化由于超出了资源利用能力和管理能力，会降低企业的公司业绩。Peters 等[121]也指出，凡是向公司主营业务扩张的企业，企业的绩效是最好的，其次是向次相关领域扩张的领域，而向不相关领域的扩张的企业，其经营绩效是最差的。类似的研究结论也多在以风险角度的研究文献中得以证实。由于我国国有企业多元化过程中过多地受行政干预，兼并重组了一些落后的非相关企业，承担起部分社会职能。据此提出假设 1B。

假设 1B：国有企业的非相关多元化与公司绩效负相关。

5.1.2　多元化、产业协同与公司绩效

企业发展多元化的最初动机是获得产业间的协同效应[122]。企业通过多元化经营可以获得协同机会，进而又使得企业发挥技术专长，在密切合作、信息共享、风险共担、利益共获的框架下取得"1+1>2"的协同效应。根据美国《财富》杂志所做的调查，美国只有7%的企业采用单一产品经营策略，绝大多数企业采用了多元化经营策略。一般理论认为多元化战略可以创造协同效应，即放大企业价值，因此追求协同是多元化企业存在和发展的唯一理由，通过协同使得双方在既定投入下取得更大收益，增加市场占有率，共享并降低产品研发成本，更加迅速地适应市场等。资源理论的观点甚至认为：协同是获取无法通过合资和兼并等方式来获取资源、取得竞争优势的有效手段。1975 年，Panzar 等[123]利用范围经济来描述多元化的协同效应，认为协同效应就是由于生产两种或者两种以上的产品而使得资源共享所造成的总成本的降低，从而给公司带来更多的经济效益，同时分散了风险，促进了管理能力的提升。Roquebert 等[124]调研了多家涉足不同行业的企业，研究证明了一些公司在业务之间协作的过程中的确创造了协同效应。据此提出假设 2。

假设 2：国有多元化企业中存在着业务协同效应，且与公司绩效正相关。

Ansoff 最早把协同的思想引入企业管理领域，认为企业内部的协同不仅反映在技术协调和发展路径上，还表现在企业整体的行动力上。从企业外部来看，各子公司为了保证自身的运营，与外部不停地进行包括人、财、物在内的各种要素资源和信息资源的传递；从内部来说，企业内各产业、各经营单元之间的要素及信息流动也是企业良性发展的内在力量。但是公司在实际运营中的情况往往要复杂得多，下属子公司往往较少考虑到公司整体协同目标，更愿意追求自身企业利益的最大化。在这种情况下，企业要达到预期的协同效果要付出更大的代价和成本。因此这种能量交换需要企业集团的职能约束来产生协同效应，通过对下属企业经营战略的协调整合，实现下属子公司自身所不能实现的利益，从而有序地实现集团整体利益，这种横向一体化让企业在宏观层面实现职能的协同。通过职能协同，企业集团各子公司在信息、财务、人员方面实现了共享，有效地解决了企业集团在实际运营过程中的"规模不经济"问题，降低了内部管理成本，最大化提升企业价值，推动公司绩效增长。据此提出假设 3。

假设 3：国有多元化企业中存在着职能协同，且与公司绩效正相关。

综上所述，企业集团内部存在着纵向一体化的业务协同方式和横向一体

化的职能协同方式，这两种协同方式使得企业在进行内部协作时保证了内部资源的有效利用，节约了交易费用，提高了运营效率，带来了良好的公司绩效。据此提出假设4。

假设4：国有多元化企业中存在着产业协同效应，且与公司绩效正相关。

5.2　理论模型和变量

5.2.1　理论模型

本章拟采用多元回归的方法——普通最小二乘法(ordinary least square, OLS)来验证以上6个假设，这种方法可以有效地检验变量间的相互关系。构建的回归模型如式(5.1)：

$$FP = f(DT, DR, DU, VSI, HSI, SIZE, AGE) \tag{5.1}$$

式中，因变量FP为公司绩效；自变量中，DT为多元化程度，DR为相关多元化程度，DU为非相关多元化程度，VSI为纵向业务协同度，HSI为横向职能协同度；控制变量中，SIZE为企业规模，AGE为企业年龄。

5.2.2　公司绩效的测量

遵循通常的做法，我们采用资产回报率(ROA)与净资产收益率(rate of return on common stockholders' equity, ROE)作为衡量公司绩效的因变量。Brealey和Myers指出ROA指标是企业运用其全部资金获取利润能力的集中体现，因此与其他指标相比该指标在衡量经济绩效时更加充分。ROE指标是战略管理中常用的来衡量公司绩效的变量。因此本章选择了这两种指标综合衡量企业的绩效。

5.2.3　自变量

1. 多元化指标

理论上衡量企业多元化指标的方法主要有连续度量法、专业化率法、熵指数(entropy)法、赫芬达尔指数(Herfindahl index, HI)法。其中连续度量法能明确企业业务所涉及的行业，但是该方法无法区分企业的相关多元化与非相关多元化。Wrigley首次提出专业化率，采用一年中企业最大项目的营业额占企业销售总额的比重进行计算，此种方法可以区分企业的多元化类型，但此种方法在操作过程中难以把握多元化相关性的标准。熵指数最初由 Boltzmann 提出，用来测量在现实状态中无序、混乱以及不确定的情况下的数据分类收集。Jacquemin 和 Berry 首次将熵指数的方法引入多元化的研究中，他们认为与传统的测量多元化的方法相比较熵指数更加客观、连续以及可以分解成相关多元化与非相关多元化，只是在处理过程中数据较难收集。HI 法通过核算企业的总销售收入和各业务销售额能够衡量企业的多元化程度，但是该方法不能区分衡量相关多元化和非相关多元化程度，因此在适用上具有一定的局限性。

　　本章在测量多元化这一指标时，把熵指数法和 HI 法相结合，用熵指数法区分衡量非相关多元化和相关多元化，用 HI 法测量多元化程度，使得数据的处理过程更加科学化。计算 HI 时，首先采用 SIC 代码测量企业运营中的行业数目，其次计算企业各行业的销售总额与企业总销售额，通过各销售额占总销售额占比的平方来描述企业的多元化程度，具体计算公式如下：

$$H = \sum_{i=1}^{n} p_i^2 \tag{5.2}$$

式中，H 代表企业多元化程度；p_i 代表企业的第 i 种业务的销售额占总销售额的比重。HI 越小，代表企业的多元化程度越高，当 HI 为 1 时，代表企业进行单一化经营。

　　在使用熵指数进行多元化程度(DT)测量时，依据行业分类可以进一步分成相关多元化程度(DR)和非相关多元化程度(DU)，具体计算公式如下：

$$DT = \sum_{i=1}^{n} p_i \ln(1/p_i) \tag{5.3}$$

式中，p_i 代表企业所涉及的第 i 个行业的营业收入占企业总营业收入的比重，n 代表企业经营所涉及的行业数。将多元化程度进一步分解时，如下：

$$DT = \sum_{j=1}^{m} DR_j p_j \tag{5.4}$$

$$DR_j = \sum_{i \in 行业集j} (p_i/p_j) \ln(p_j/p_i) \tag{5.5}$$

$$DU = \sum_{i=1}^{m} p_j \ln(1/p_j) \tag{5.6}$$

式中，DR_j 为行业集 j 内部的多元化程度，m 为 n 个行业种类所属的行业集数目 $(n \geqslant m)$；p_j 为行业集 j 的收入之和在企业主营业务收入中所占的比重，行业集的划分以行业门类为准。

2. 协同度指标

从纵向协同度和横向协同度两个维度考察企业协同度指标。

横向协同指管理者对不同业务单元进行优化组织，目的是提升企业运行效率，降低企业管理成本，它多存在于非相关多元化企业中。据此，选取上市公司年报中披露的管理费用并对其单位规模化处理后作为衡量企业管理协同的代理变量，如式(4.3)所示。

纵向协同是指集团内部上下游之间发生业务协作，并因同在企业边界内而节约了大量的交易成本，且有行政力量来保证契约的优先执行，提升了企业的交易效率，多存在于相关多元化企业中。因此，基于企业关联交易的情况来构建关于纵向协同的指标，将该指标定义为业务协同度 VSI，计算公式如下：

$$\text{VSI} = \sum_{i=1}^{n} \left(\frac{\text{IT}_i}{\text{TT}} \times W_i \right) \tag{5.7}$$

式中，IT_i 为内部市场交易中第 i 个业务的交易金额；W_i 为第 i 个业务内部交易量占该类业务全部交易量的比重，即 $W_i = \text{IT}_i / (\text{IT}_i + \text{ET}_i)$，ET 为外部交易额；TT 为存在着内部交易的所有业务发生量总金额，即有内部交易业务的所有业务的内部交易额与外部交易额之和；n 为存在着内部交易的业务数量。

5.2.4 控制变量

在考察多元化与企业内部协同对公司绩效的影响时，将其他可能影响这两者的变化量也纳入考察范围内。Li 和 Wong 认为控制变量可以评价回归模型的正确性和拒绝实证结果的其他解释，本书参考相关国内外文献，将企业规模和企业年龄作为控制变量。企业规模的变量可以用总资产、总人数、销售总额等变量来衡量，本书采用企业的总资产作为衡量企业规模的替代变量，为了消除变动的影响，我们采用总资产的对数；对于企业年龄，有研究认为企业成立的时间越长，其制度化程度越高，协调各业务单元运作的成本越低，故计算时以企业集团成立的当年算起，截止到本书的考察年份。

5.2.5 样本和数据

大型煤炭集团属于典型的国有大型企业，因此上述假设对于煤炭企业是适用的，实际上，我们就是在以煤炭行业为样本来检验前文所构建的理论模型的正确性。大型煤炭企业在过去的"黄金十年"中依靠丰厚的利润所发展的多元化产业，既有企业主动选择的产业，也有作为"背包袱"的落后产业，因此与前文理论假设的背景非常吻合。

数据方面，我们选择了深圳证券交易所和上海证券交易所两地上市的国内大型煤炭集团，剔除了相关 ST* 公司，这类公司由于企业盈利状况不稳定，其业绩表现具有较大的波动性；同时剔除了一些报表数据缺失的上市公司，最终选择了 21 家大型煤炭集团上市公司作为样本对象。原始数据主要从这 21 家上市公司 2010 年、2011 年、2012 年的年报以及锐思金融研究数据库中收集，并依据前面章节中各变量的核算公式计算得到各变量的 63 组面板数据供分析使用。

5.3　回归结果与分析

在 21 家样本中，2010~2012 年的绩效指标：ROA 指标、ROE 指标、多元化指标、相关多元化指标、非相关多元化指标、纵向业务协同度、横向职能协同度、企业规模、企业年龄的相关变量的描述性统计及相关系数如表 5.1 所示。

运用多元回归的方法和 EViews 计量软件，对研究模型进行假设检验，表5.2 与表 5.3 是回归模型的结果，分别以净资产回报率(ROE)和资产回报率(ROA)为因变量，对六个假设分别进行检验。

对于假设 1，无论是用 ROE 还是 ROA 作为因变量，多元化程度变量 DT 都不显著，表明大型煤炭集团的多元化与公司绩效之间的关系并不显著；对于假设 1A，在以 ROE 为因变量时，相关多元化程度变量 DR 并不显著，但以 ROA 为因变量，特别是加入企业规模和企业年龄两个控制变量后，DR 对公司绩效呈现出显著的负相关关系，这与假设 1A 相反；对于假设 1B，无论是用 ROE 还是 ROA 作为因变量，非相关多元化程度变量 DU 都不显著。因此，总体看来，大型煤炭集团多元化并没有带来显著的公司绩效，反而给公司绩效带来了负面影响。

对这一结论的合理解释来自于考察期间煤炭主业与非煤产业在盈利水平上的严重不对称。据 2010~2012 年的公司年报显示，煤炭业务的毛利率平均

表 5.1　变量的统计描述和相关系数表

变量	均值	标准差	1	2	3	4	5	6	7	8	9
1.净资产收益率(ROE)	0.1501	0.0738	—								
2.资产回报率(ROA)	0.0704	0.0400	0.7988	—							
3.多元化程度(DT)	0.5970	0.2694	0.0563	0.1231	—						
4.相关多元化程度(DR)	0.1852	0.2515	-0.2217	-0.2358	-0.4805	—					
5.非相关多元化程度(DU)	0.4036	0.2909	0.0709	0.0149	-0.5500	0.0207	—				
6.纵向业务协同度(VSI)	0.3152	0.2068	0.2821	0.2731	-0.2037	0.1359	-0.1184	—			
7.横向职能协同度(HSI)	20.6224	1.0167	0.4919	0.3364	0.1181	-0.3538	0.1637	0.0775	—		
8.企业规模(SIZE)	23.4919	0.9314	0.2420	0.0457	0.1305	-0.2577	0.0403	-0.2235	0.8437	—	
9.企业年龄(AGE)	11.3889	3.6879	-0.1770	-0.2347	-0.0070	0.0088	-0.1454	-0.0914	-0.3656	-0.3340	—

注:样本数N=63。

表 5.2　多元化回归模型一

变量 假设	净资产收益率(ROE)											
	1		1A		1B		2		3		4	
常数	0.1501 (0.0000)***	-0.0830 (0.7179)	0.1611 (0.0000)***	0.0182 (0.9470)	0.1409 (0.0000)***	-0.0690 (0.7952)	0.1183 (0.0000)***	-0.4463 (0.1180)	-0.3589 (0.0218)**	-0.1910 (0.3440)	-0.5853 (0.0016)***	-0.2827 (0.2741)
多元化程度(DT)	0.0054 (0.8794)	-0.0017 (0.9616)										
相关多元化程度(DR)			-0.0525 (0.1790)	-0.0454 (0.2647)								
非相关多元化程度(DU)					0.0245 (0.4563)	0.0191 (0.5700)						
纵向业务协同度(VSI)							0.1006 (0.0388)**	0.1235 (0.0125)**			0.0875 (0.0415)**	0.0355 (0.4736)
横向职能协同度(HSI)									0.0246 (0.0013)***	0.0650 (0.0001)***	0.0343 (0.0002)***	0.0657 (0.0007)***
企业规模(SIZE)		0.0103 (0.2559)		0.0064 (0.5529)		0.0092 (0.3866)		0.0241 (0.0357)**		-0.0428 (0.0042)***		-0.0396 (0.0557)*
企业年龄(AGE)		-0.0006 (0.8064)		-0.0009 (0.7324)		-0.0004 (0.8704)		-0.0008 (0.7542)		0.0006 (0.7917)		-0.0008 (0.9731)
R^2	0.000	0.037	0.031	0.045	0.009	0.029	0.080	0.180	0.160	0.270	0.300	0.350
调整 R^2	-0.016	-0.012	0.014	-0.006	-0.007	-0.023	0.062	0.130	0.140	0.230	0.270	0.300

注：样本数 $N=63$，括号内的值为 P 值；

*代表变量在 10%水平下显著；

**代表变量在 5%水平下显著；

***代表变量在 1%水平下显著。

表 5.3 多元化回归模型二

变量	资产收益率(ROA)											
假设	1		1A		1B		2		3		4	
常数	0.0597 (0.0000)***	0.0633 (0.6064)	0.0774 (0.0000)***	0.2641 (0.0619)*	0.0694 (0.0000)	0.1819 (0.1950)	0.0537 (0.0000)***	0.0397 (0.8017)	-0.0208 (0.0151)	-0.0028 (0.9786)	-0.2021 (0.0560)*	0.1372 (0.3351)
多元化程度(DT)	0.0217 (0.2662)	0.0194 (0.3171)										
相关多元化程度(DR)			-0.0525 (0.1790)	-0.0442 (0.0351)**								
非相关多元化程度(DU)					0.0019 (0.9127)	-0.0214 (0.9032)						
纵向业务协同度(VSI)							0.0528 (0.0457)**	0.0510 (0.0625)*			0.0480 (0.0570)*	-0.0014 (0.9567)
横向职能协同度(HSI)									0.0135 (0.0013)***	0.0650 (0.0001)***	0.0124 (0.0163)**	0.0391 (0.0003)***
企业规模(SIZE)		0.0010 (0.8342)		-0.0066 (0.2333)		-0.0035 (0.5236)		0.0016 (0.7926)		-0.0285 (0.0004)***		-0.0364 (0.0020)***
企业年龄(AGE)		-0.0241 (0.1080)		-0.0026 (0.0680)*		-0.0024 (0.1118)		-0.0021 (0.1734)		-0.0016 (0.2141)		-0.0016 (0.2283)
R^2	0.020	0.085	0.061	0.120	0.000	0.045	0.075	0.120	0.160	0.320	0.170	0.330
调整 R^2	0.004	0.038	0.045	0.070	-0.017	-0.006	0.057	0.070	0.140	0.290	0.140	0.280

注：样本数 $N=63$，括号内的值为 P 值;

*代表变量在10%水平下显著;

**代表变量在5%水平下显著;

***代表变量在1%水平下显著。

值超过 30%，而大多数的非煤产业的毛利率维持在个位数，甚至是负数，由此拉低了整体的公司绩效，造成了一方面大型煤炭集团的多元化水平不断提升；另一方面对公司业绩的贡献却并不显著。从实践来看，或是出于规避风险的主动需求，或是在政府主导下的被动需要，大型煤炭集团发展包括煤化工、冶金等多元化产业后，一直在用煤炭主业的高盈利来培育非煤产业，试图以此增加企业经营的稳健，导致公司整体的经营业绩较低。

对于假设 2 和假设 3，无论是用 ROE 还是 ROA 作为因变量，纵向业务协同度变量 VSI 和横向职能协同度变量 HSI 都比较显著，且它们都与公司绩效间呈现正相关，研究结果支持了这两个假设。对于假设 4，无论是用 ROE 还是 ROA 作为因变量，在不加控制变量企业规模和企业年龄时，纵向业务协同度变量 VSI 和横向职能协同度变量 HSI 都显著，表明存在着协同效应，该假设得到了验证；但当加入这两个控制变量后，仅有横向职能协同度变量 HSI 非常显著，纵向业务协同度变量 VSI 不再显著，该假设得到了部分验证。总体来看，大型煤炭集团的产业协同与公司绩效间存在着正相关关系。

这一结论对当前大型煤炭集团的做法给出了理论支撑。当目前煤炭市场下行趋势持续时，许多大型煤炭集团都已经急不可待地加强了内部协作，采取所谓的"抱团取火"式的应对策略，希望借此走出困境。如以神华集团为例，依托其煤炭、电力、铁路、港口和航运等多元产业，致力于发展"煤电路港航"一体化运营，充分挖掘产业之间的协同效益，试图既扩充内部市场份额、规避外部市场风险，又降低管理费用，提高运营效率，使得在煤炭主业不景气的背景下仍然能够保持稳健发展。

5.4　本 章 小 结

本章的主要目的是检验国有大型煤炭集团在其优差组合的多元化背景下是否存在着产业协同效益，且多元化与协同效益的存在是否会对公司绩效产生影响。实证结果明确地指出了国有煤炭企业整体多元化与公司绩效之间没有显著的关系，这与发达国家和我国部分学者的研究结论不符[116]，这可能是由产业协同的背景依赖引发的；但非相关多元化与公司绩效间呈负相关关系，这与西方发达国家研究结论相吻合[22]。更为重要的是，本章验证了国有煤炭企业多元化中存在着显著的纵向业务协同效应和横向职能协同效应，它们与公司绩效间呈现显著的正相关关系，从理论上证实了多元化煤炭企业可以通过产业协同增加公司绩效这一假设，既完善了理论，又对现实具有重要的指导意义。

　　从实践中来看，国有大型煤炭集团的多元化多是主动与被动并举，而行政干涉下的被动多元化又大多属于非相关多元化，对企业业绩难有贡献。作为国有企业，企业自身似乎很无奈，但如果能够有效抓住产业协同的机会，一样可以有所作为。我们注意到，在对以 ROE 为因变量的假设 2 验证结果中，一方面企业规模对公司绩效具有正向影响，另一方面纵向业务协同度也增进了公司绩效；在假设 3 和假设 4 的验证结果中，虽然增加企业规模对公司绩效具有负向影响，但横向职能协同度变量却对公司绩效影响显著，表明存在着因规模效应而形成的职能协同效应。这说明在资产由相关多元化或由非相关多元化所形成的扩张过程中，总是存在着因产业协同为介质的正向作用，如果国有煤炭企业的被动多元化是不可避免的，其盈利的机会点就在于如何通过发挥产业协同作用来获取更多收益。

　　就协同路径来看，本章基于业务协同和职能协同的研究结论也一样具有重要的启示意义。由于本章所构建的协同度反映了内部市场发育情况对公司绩效的影响，所以对于相关多元化企业而言，多渠道地挖掘和扩大内部市场就成为发挥产业协同作用的重要途径，包括原材料、产品和服务等各种内部市场；对于非相关多元化而言，发挥规模经济，降低整体的管理费用是发挥产业协同作用的重要方式，企业要更加注重培养选拔优秀的管理人员，优化内部管理流程，提升总体的管理效率，最大化降低内部管理的成本。

　　总体上看，本章的研究结论支撑了产业协同理论模型中对产业协同与协同效益之间的假设关系，从侧面证明了理论模型的科学性和正确性。

第6章 大型煤炭集团产业协同与协同途径

前面论证了如图 3.2 所示的产业协同机理模型中产业协同与协同效益之间的显著相关性，接下来的问题在于这种相关关系是否经由分散风险、规模经济、范围经济和市场力量等手段来实现，换句话说，是否这些协同途径作为中介变量来为产业协同与协同效益之间架起了一座桥，对这一命题的检验结果将会证明"关联方式—协同途径—协同效益"这一理论框架的科学性。本章的研究中，首先通过对大型煤炭集团的规模经济和范围经济进行评价，再检验产业协同度与协同途径之间的关系来回答这个问题。

6.1 大型煤炭集团协同途径界定与现状

大型煤炭集团能够实施产业协同发展的重要原因是其充分利用在煤炭"黄金十年"里所积累的资本大力实施横向一体化和纵向一体化战略，使其成长为多元化的大型集团公司，为产业协同实施提供了机会和空间。在这一进程中，大型煤炭集团迅速发展，规模快速增大，逐渐凸显出一批资金力量雄厚、不断追求创新的大型煤炭集团。最具代表性的神华集团开启了我国大型煤炭集团多元化发展的先河，作为全球最大的煤炭销售商、全国最具影响力的综合性大型煤炭集团，在外部市场强大的竞争压力下，借鉴国外大型煤炭集团的发展模式，结合我国煤炭资源本身的特点，实施多元化发展战略，集六大板块矿、路、电、港、航、煤制油煤化工于一体，取得显著效果，在煤炭行业异军突起，成为领军企业。

煤炭市场从 2012 年由卖方市场逐步转向买方市场，集团产业协同发展，对于应对这种困难局面，产生积极的经济效应。大型煤炭集团"以煤为主，多元发展"的产业格局，对分散经营风险、加强资源利用、提高竞争力产生积极有力的作用。我国大型煤炭集团前期为了抢占煤炭资源，有些企业盲目地开采矿井、兼并中小企业，由于煤炭资源的空间分散性的客观条件，增加了企业的管理成本和运输成本，阻碍了企业的发展。而我国大型煤炭集团多元化发展道路起步较晚，对企业未来实施新的煤炭及关联项目的研究还不够清晰、具体、途径不明确，其可行性有待考证。同时，各大型煤炭集团的发展状况不同，在实施多元化发展战略时，有些企业片面地照搬其他公司的发展模式，限制了企业的发展，不但没有发挥应有的经济效应，反而增加了企业的运营成本。

6.1.1　协同途径的界定

基于图 3.2 的理论模型，企业产业协同的协同途径包括分散风险、规模经济、范围经济和市场力量等多种，但就定量分析而言，煤炭行业的分散风险和市场力量的数据难以获取，故本章中仅将协同途径限定在规模经济和范围经济，考察二者所引发的协同效益。

首次定义规模经济概念的是马歇尔[125]，同时解释了报酬递增现象，文中解释报酬递增的原因是企业大规模的生产和扩大不动产，使得企业以更低廉的成本增加了产量。钱德勒[126]定义规模经济为：当生产或经销单一产品增加单位产品导致生产或经销的单位成本减少的经济。一般地，规模经济指的是扩大企业产品生产规模，使企业的单位运营成本下降，形成随着产品产量的增加企业的长期平均成本递减的现象。规模经济的实质是分摊固定成本，使单位固定成本降低。对于像机械设备、仓库、安全设备等固定资产，作为产品生产的必需物，即使产品产量很小，这部分成本也无法降低；随着产品产量的增加，每件产品会分摊更多的固定成本，单位运营成本降低，因此产品产量增加，企业单位产品的生产成本降低，出现规模经济。但规模经济的产生与产品产量并不是正相关的关系，当产品产量超过合理的范围后，根据边际收益递减规律，边际收益降至零，甚至负值时，企业出现规模不经济的现象。

Teece[127]最早提出了范围经济这一概念。它是指企业独自生产多种关联产品使得经营成本节约的现象，在投入相同的情况下，一家企业生产多种关联产品的总产出水平高于多家企业分别生产一种产品的产出水平，或者说前者生产模式的单位产品的长期平均成本要低于后者生产模式。钱德勒定义范围经济为联合生产和经销经济，是在单一企业内的生产或销售过程中生产或销售多于一种产品所形成的经济现象。Panzar 等认为，范围经济来源于分享的投入或者分享的准公共投入，即一种投入用于生产一种产品的同时对其他产品的生产也有帮助[128]。一般地，范围经济是指由企业的产品种类而非产量带来的经济效应，即当某个企业同时生产两种或两种以上的产品时所需投入的总成本比多个企业分别生产这些产品的成本还低，存在的这种现象称为范围经济。陈向东[129]认为范围经济是衍生经济，通过理论对企业的衍生经济模式进行了探讨，并分析比较了衍生经济与规模经济。企业的生产多样化、经营多元化是企业存在范围经济的关键，如果企业的经营成本降低、效益提升、利润提高，则企业生产的范围经济存在，反之，如果经营成本提升、效益降低，则范围经济不存在。

综上所述，规模经济和范围经济之间既存在联系又存在区别，两者均可能引起产量的变化，对企业运营成本产生影响，但规模经济强调一种产品产量的变化对企业运营成本的影响，范围经济描述的是企业生产产品类别增加对运营管理成本和最终收益的影响。规模经济往往强调横向一体化发展战略，而范围经济强调企业纵向一体化发展。范围经济效应与产业协同的本质更相似，即企业结合现有的资源优势，通过综合发展不同业务，提高资源利用率，增加企业利润，降低产出成本，最终提升效益。

对于大型煤炭集团的规模经济的研究，主要观察企业产品产量的增加(煤炭等)与企业单位运营成本的关系，而对于范围经济的研究，主要是指煤炭业和其他行业的协调配合问题，比较一家企业生产两者与多家企业分别生产对经营成本的影响。对企业规模经济和范围经济进行分析与评价有多种研究方法，本章采用广义超越对数成本函数方法对其进行评价，该方法对数据要求低，便于操作。最终的考察目标是检验大型煤炭集团经由规模经济和范围经济是否达到了降低各类成本(协同效益)的目的。

6.1.2　规模经济的现状

本章采用资产回报率(ROA 平均值)和净资产收益率(ROE 平均值)指标来考察大型煤炭集团的规模经济现状。各行业对于企业规模的划分标准不尽相同，本章以企业的总资产作为依据对煤炭行业进行划分，结合 2013 年年报和锐思金融数据库的数据，将 21 家大型煤炭集团划分为一级、二级和三级三类大型煤炭集团，具体划分见表 6.1。从表 6.1 中可以看出，我国大型煤炭集团的净资产收益率和资产回报率与企业规模呈正相关的关系，两者同增同减，一级大型煤炭集团的净资产收益率和资产回报率最高，分别为 14.50%、10.07%；其次是二级大型煤炭集团，分别为 11.52%、8.58%；最低的是三级大型煤炭集团，分别为 11.04%、8.28%。以上结果表明在我国煤炭业大型煤炭集团中，规模较大的煤炭集团比规模相对较小的煤炭集团的经济效益要好。

表 6.1　21 家大型煤炭集团规模的划分

企业规模等级	煤炭集团	总资产/亿元	企业数/家	净资产收益率平均值/%	资产回报率平均值/%
一级大型煤炭集团（总资产>1000 亿元）	中国神华	5076.74	3	14.50	10.07
	中煤能源	2149.44			
	兖州煤业	1256.99			
二级大型煤炭集团（总资产 200 亿~1000 亿元）	西山煤电	461.62	10	11.52	8.58
	山煤国际	460.48			
	山西潞安	456.01			
	河南神火	434.14			
	冀中能源	411.02			
	阳泉煤业	271.35			
	平煤集团	265.04			
	开滦能源	205.22			
	兰花科创	204.83			
	大同煤业	201.96			
三级大型煤炭集团（总资产<200 亿元）	贵州盘江	139.48	8	11.04	8.28
	恒源煤电	133.66			
	上海大屯	131.17			
	郑州煤电	110.10			
	安源煤业	92.76			
	山西焦化	85.83			
	云南煤业	61.64			
	甘肃靖远	57.35			

资料来源：各大型煤炭集团 2013 年度报告。

6.1.3　范围经济的现状

不同学者对范围经济衡量采用了不同的标准，最早提出范围经济假说的是 Bailey 等[130]、Baumol 等[131]。随后有多个学者对该假说的适用性在不同行业进行了检验，如美国的 Majumdar 等，他为了规避数据收集困难，在衡量企业集中度时采用的是指数变量，0 代表专业化经营，1 代表行业内多元化经营，2 代表跨行业多元化经营[132]。美国的 Aw 等[133]以 HI 为基础提出了衡量企业业务集中度的产品、区域和综合多元化指数。中国的谢获宝等[134]采用多种方法衡量业务集中度，包括专业化率、业务单元数、业务相关系数和 HI。结合国内外学者对业务集中度的研究，考虑到收集数据难度，本章以业务集中度作为基准对大型煤炭集团范围经济进行衡量，衡量大型煤炭集团的产品/服务集中度采用 HI 指数 PDI，衡量企业区域集中度采用区域集中指数 GDI，具体的计算公式如下：

$$H = \sum_{i=1}^{n} p_i^2 \tag{6.1}$$

$$GDI = 1 - \frac{\sum_{j=1}^{m} s_j^2}{\left(\sum_{j=1}^{m} s_j\right)^2} \tag{6.2}$$

式中，H 表示多元化程度；p_i 代表第 i 种产品的营业收入占总营业收入的比例。该指数越小，表示公司多元化程度越高，当 H 指数为 1 时，代表企业进行业务单一化经营。s_j 表示第 j 个区域的经营业务收入占总营业收入的比例，并仅考虑中国境内和境外两个区域。GDI 表示企业区域集中度，GDI 指数越小，代表企业区域集中度越高，当 GDI 指数为 1 时，代表企业产品在很多个地区销售。通过公式可以看出，GDI 指数越高，表示企业的区域集中度越低，H 指数越高，表示企业的业务集中度越高。2013 年，我国 21 家大型煤炭集团煤炭业收入和其他业务收入的统计情况见表 6.2，计算得出 21 家大型煤炭集团的营业总收入为 8200.56 亿元，煤炭营业总收入为 5650.52 亿元，占总收入的 68.90%，其他业务收入占 31.10%，煤炭业收入占营业收入的比重超过 70% 的大型煤炭集团有 14 家，以上数据说明大型煤炭集团营业收入主要是煤炭业务，其他行业也有涉及，相对较少。

表 6.2　21 家大型煤炭集团煤炭业务收入占主营业务收入比重

煤炭集团		煤炭业务收入占主营业务收入比重	各级均值	总均值	煤炭业务收入超过 70%/家
一级	中国神华	0.6633	0.8107		
	中煤能源	0.8186			
	兖州煤业	0.9502			
二级	西山煤电	0.5745	0.6323	0.7046	14
	山煤国际	0.8002			
	山西潞安	0.9475			
	河南神火	0.2329			
	冀中能源	0.8433			
	阳泉煤业	0.4051			
	平煤集团	0.9049			
	开滦能源	0.2511			
	兰花科创	0.6112			
	大同煤业	0.7520			
三级	贵州盘江	0.9997	0.7551		
	恒源煤电	0.9181			
	上海大屯	0.7136			
	郑州煤电	0.2612			
	安源煤业	0.7584			
	山西焦化	0.6622			
	云南煤业	0.7711			
	甘肃靖远	0.9569			

我国 21 家煤炭集团的业务集中度情况见表 6.3,其中 GDI 均值为 0.0418,有 11 家集团的业务收入都在中国境内,说明中国大型煤炭集团的市场主要在境内,境外的市场份额非常小,大型煤炭集团资源配置相对集中,区域集中度较高。21 家大型煤炭集团 H 均值为 0.6271,说明大型煤炭集团的多元化程度较高。综上所述,我国大型煤炭集团的多元化经营程度较高,并主要以煤炭业为主,结合其他业务收入占总收入的比重可以看出煤炭集团的经营方式正逐渐由传统的单一化经营向多元化方向发展。

表 6.3　21 家大型煤炭集团的业务集中度指标

煤炭集团	H	H 均值	GDI	GDI 均值
安源煤业	0.3900		0.0000	
大同煤业	0.9600		0.0015	
兖州煤业	0.8800		0.3170	
西山煤电	0.8000		0.0000	
郑州煤电	0.5300		0.1428	
阳泉煤业	0.2800		0.0000	
恒源煤电	0.8700		0.0414	
开滦能源	0.4300		0.0000	
平煤集团	0.3300		0.3088	
山煤国际	0.9400		0.0000	
山西焦化	0.6400	0.6271	0.0000	0.0418
河南神火	0.2900		0.0211	
云南煤业	0.0500		0.0156	
中国神华	0.6600		0.0024	
中煤能源	0.6600		0.0085	
兰花科创	0.7800		0.0194	
冀中能源	0.6900		0.0000	
甘肃靖远	0.9800		0.0000	
山西潞安	0.7200		0.0000	
贵州盘江	0.9800		0.0000	
上海大屯	0.3100		0.0000	

资料来源：根据各上市公司 2013 年年度报告计算与整理。

6.2　协同途径评价模型和变量定义

煤炭领域的范围经济可以定义为由大型煤炭集团多元化程度的高低引起边际收益提高或边际成本下降的现象，它指的是提高大型煤炭集团经营范围多元化程度，会降低企业单位运营成本，增加边际收益，最终煤炭产业实现范围经济；反之，则是范围不经济。而煤炭行业的规模经济可以定义为随着煤炭产量的变化，对企业单位运营成本影响的现象，它指的是扩大企业煤炭业务产量，会降低企业单位运营成本，最终实现煤炭业规模经济；反之，则是规模不经济。

(1) 煤炭产业范围经济的计量定义如下：

$$S_c = \frac{\{C(y_1, 0, \cdots, 0) + \cdots + C(0, \cdots 0, y_m)\} - C(y_1, \cdots, y_m)}{C(y_1, \cdots, y_m)} \tag{6.3}$$

式中，$C(\cdots)$ 为煤炭产业的成本函数；S_c 是煤炭产业的范围经济系数；$y_1, \cdots, y_m$ 为 m 种多元化业务的产出值。当 $S_c<0$ 时，范围经济不存在，此时，同时生产将导致更高的生产成本；而当 $S_c>0$ 时，说明存在范围经济，此时，大型煤炭集团同时生产 m 种产品时的生产成本将小于各自生产 m 种产品的生产成本。

(2) 煤炭产业规模经济的计量定义如下：

$$S_e = \sum_{i=1}^{m} \partial \ln TC / \partial \ln y_i \tag{6.4}$$

式中，TC 为煤炭业的生产总成本；S_e 为相应的规模经济系数，定义 y_i 是第 i 项业务的产出值。当 $S_e<1$ 时，说明规模经济存在，或者说企业产品产量与单位运营成本呈负相关关系，随着大型煤炭集团产品产量的增加，企业单位运营成本降低；如果 $S_e>1$，则存在规模不经济，即企业产品产量与单位运营成本呈正相关关系，随着大型煤炭集团产品产量的增加，企业单位运营成本增加。

6.2.1　模型的设定

通过国内外已有的相关文献可知，对规模经济和范围经济的检验结果产生重要影响的是成本函数的选择，通常广为采用的是超越对数成本函数、复合成本函数、广义超越对数成本函数以及科布-道格拉斯函数等形式，来检验不同行业的范围经济和规模经济。结合大型煤炭集团的多元化特征，本书采用广义超越对数函数，它可以较好拟合现实企业的成本曲线，相对准确地计量企业的规模经济和范围经济。在实证研究的过程中，考虑与我国大型煤炭集团有关的自变量当前取值为零，这使得传统的超越对数成本函数(translog cost function,TCF)不再适用，故进一步采用广义超越对数成本函数(generalized translog cost function，GTCF) 来研究。Caves 等基于 Box-Cox 转换提出了将超越对数成本函数(TCF)变换为广义超越对数成本函数(GTCF)的方法,它综合考虑了各种技术要素,通过泰勒级数展开而得到。

对于超越对数成本函数:

$$
\ln TC = a_0 + \sum_{i=1}^{m} a_i \ln y_i + \sum_{k=1}^{n} \beta_k \ln p_k + \frac{1}{2} \sum_{i=1}^{m} \sum_{j=1}^{m} \phi_{ij} \ln y_i \ln y_j
$$
$$
+ \frac{1}{2} \sum_{k=1}^{n} \sum_{l=1}^{n} r_{kl} \ln p_k \ln p_l + \sum_{i=1}^{m} \sum_{k=1}^{n} \delta_{ik} \ln y_i \ln p_k + \varepsilon
\tag{6.5}
$$

式中,$TC = \sum_k p_k q_k$,表示大型煤炭集团总成本;p_k 和 q_k 分别为投入品 k 的投入值和产出值;$k=\{1,2,\cdots,n\}$ 和 $i=\{1,2,\cdots,m\}$ 分别是集团投入项和产出项;y_i 为第 i 项产出值;a_0、a_i、β_k、ϕ_{ij}、r_{kl}、δ_{ik} 是待估参数,ε 是任意误差项。

通过对传统超越对数函数的产出项 y_i 进行 Box-Cox 变换,即

$$
Y_i = \begin{cases} \dfrac{y_i^{\theta} - 1}{\theta} & \theta \neq 0 \\[2mm] \ln y_i, & \theta = 0 \end{cases}
\tag{6.6}
$$

这样做的好处是可以规避自变量不能为零的难题。实证运算时,取经典的网格搜寻法,来寻求式(6.6)中的 θ 值;它能够使得残差平方和最小。一旦确定了 θ 值,其他参数的估计也就相对容易了。

当对所有 $\ln y_i$ 做这种替换时,可得

$$
\ln TC = a_0 + \sum_{i=1}^{m} a_i Y_i + \sum_{k=1}^{m} \beta_k \ln p_k + \frac{1}{2} \sum_{i=1}^{m} \sum_{j=1}^{m} \phi_{ij} Y_i Y_j
$$
$$
+ \frac{1}{2} \sum_{k=1}^{n} \sum_{l=1}^{n} r_{kl} \ln p_k \ln p_l + \sum_{i=1}^{m} \sum_{k=1}^{n} \delta_{ik} Y_i \ln p_k + \varepsilon
\tag{6.7}
$$

此时,就得到了广义超越对数成本函数。当 $\theta \to 0$ 时,$Y_i \to \ln y_i$,式(6.7)又变为超越对数成本函数。

考虑到规模经济的涵义是生产的成本弹性,一般用来评价规模经济。依据 TCF 成本函数的形式,企业的规模经济 (S_e) 表示为

$$S_e = \frac{\sum\limits_{i=1}^{m} \partial \ln TC}{\partial \ln y_i} = \sum_{i=1}^{m} \alpha_i + \sum_{i=1}^{m}\sum_{j=1}^{m} \phi_{ij} \ln \alpha_i + \sum_{i=1}^{m}\sum_{k=1}^{n} \delta_{ik} \ln p_k \tag{6.8}$$

而当成本函数取广义超越对数成本函数时，则企业的规模经济为

$$S_e = \sum_{i=1}^{m} y_i^{\theta} \left(\alpha_i + \sum_{j=1}^{m} \phi_{ij} \ln Y_i + \sum_{k=1}^{n} \delta_{ik} \ln p_k \right) \tag{6.9}$$

投入代替弹性能够满足对称性要求，$\phi_{ij} - \phi_{ji}; r_{kl} = r_{lk}$。

6.2.2 变量定义

样本选取方面，结合我国大型煤炭集团的实际情况，确定本章的研究样本为我国极具代表的 21 家煤炭行业上市公司，分别对 2009~2013 年期间煤炭上市公司的规模经济和范围经济进行分析，数据类型为面板数据。

指标确定方面，考虑到数据收集的困难程度和 21 家大型煤炭集团财务报表的信息输出情况，结合范围经济衡量的是大型煤炭集团开展不同业务的收益或成本的比较，确定产出变量为上市大型煤炭集团的主营业务收入。考虑到大型煤炭集团的煤炭业务比重普遍比较大，本章将上市大型煤炭集团的主营业务分为两个大类，即煤炭主营业务收入和其他行业主营业务收入，分别用 y_1 和 y_2 表示这两类主营业务收入。

此外，本章确定三个投入变量：劳动力、实物资本和存货。首先，由于现阶段我国大型煤炭集团的经营方式是粗放式经营，其主要通过扩大项目规模和人员数量的投入来增加市场份额，确定本章劳动力的投入量为"在职员工总数"，定义劳动力价格 (p_1) 为企业员工薪酬均值/企业员工总数；确定实物资本投入量为"固定资产"，把成折旧/净值的平均值定义为价格 (p_2)；作为大型煤炭集团的一种重要投入，定义存货价格 (p_3) 为存货净值/总资产的均值，企业的营业成本基本能被这三个方面覆盖，则本章的总成本 (TC) 为企业年度应发薪酬、年度固定资产折旧、年度存货净值之和。

模型的变量定义如下：TC 为总成本，y_1 为煤炭营业收入，y_2 为其他业务收入，p_1 为劳动力价格，p_2 为固定资产价格，p_3 为存货价格。

通过定义变量，结合上述的广义超越对数成本函数 (GTCF)，得到本章的 GTCF 为

$$\ln TC = a_0 + \sum_{i=1}^{2} a_i Y_i + \sum_{k=1}^{3} \beta_k \ln p_k + \frac{1}{2}\sum_{i=1}^{2}\sum_{j=1}^{3} \phi_{ij} Y_i Y_j$$
$$+ \frac{1}{2}\sum_{k=1}^{3}\sum_{l=1}^{3} r_{kl}\ln p_k \ln p_l + \sum_{i=1}^{2}\sum_{k=1}^{3} \delta_{ik} Y_i \ln p_k + \varepsilon \tag{6.10}$$

（1）本章煤炭行业范围经济的计量如下：

$$S_c = \frac{\{C(y_1,0)+C(0,y_2)\} - C(y_1,y_2)}{C(y_1,y_2)} \tag{6.11}$$

如果 $C(y_1,y_2) < C(y_1,0)+C(0,y_2)$　说明大型煤炭集团在运营过程中，联合生产多种产品或服务比分别生产产品或服务成本更低，即大型煤炭集团实施多元化发展存在范围经济。反之，不存在范围经济。

（2）本章煤炭行业规模经济的计量如下：

$$S_e = \sum_{i=1}^{2} y_i^{\theta}(\alpha_i + \sum_{j=1}^{2} \phi_{ij}\ln Y_i + \sum_{k=1}^{3} \delta_{ik} \ln p_k) \tag{6.12}$$

如果 $S_e<1$，说明随着大型煤炭集团在经营过程中的产量增加,其单位运营成本反而降低,则大型煤炭集团存在规模经济；反之，不存在规模经济。

对称性条件要求：$\phi_{12}=\phi_{21}, r_{12}=r_{21}, r_{13}=r_{31}, r_{23}=r_{32}$。

在选取 $Y_i = \frac{y_i^{\theta}-1}{\theta}$ 中的 θ 值时，采用范围逐一缩小的方法，分别选取不同的 θ 值进行检验。当 θ=0.1、0.2、0.3、0.4、0.5 时，各自的残差平方和分别为 8.5066、9.0945、8.6473、8.8762 和 9.2423，可以看出，最小的 θ 值在 0.1 附近，据此再次缩小范围，发现当 θ=0.15、0.13、0.14 时，对应的残差平方和分别为 8.4875、8.4890 和 8.4873，说明当 θ=0.14 时的残差平方和最小，因此选取 θ=0.14。

6.3　回归结果与分析

运用 EView6.0 软件将大型煤炭集团上市公司的相关数据代入模型中进行估算，最终的估算结果如表 6.4 所示。

表 6.4   大型煤炭集团广义超越对数成本函数的回归结果

参数	估计值	标准差	T 检验值	P 值
a_0	20.2109	2.4494	8.2515	0.0000***
a_1	0.0023	0.0236	0.0967	0.9232
a_2	0.0055	0.0119	0.4657	0.6427
β_1	−0.1661	1.4209	−0.1169	0.9072
β_2	0.5853	0.6025	0.9713	0.3343
β_3	0.0113	0.5419	0.0208	0.9834
ϕ_{11}	0.0002	0.0001	1.4178	0.1600
ϕ_{12}	−0.0001	0.0000	−3.2478	0.0017***
ϕ_{22}	−0.0012	0.0000	2.8350	0.0058***
r_{11}	−0.0280	0.1837	−0.0761	0.9395
r_{22}	−0.1902	0.0853	−1.1148	0.2682
r_{33}	−0.3920	0.0616	−3.1830	0.0021***
r_{12}	−0.1173	0.1280	−0.9166	0.3620
r_{23}	0.1148	0.0549	2.0888	0.0398**
r_{13}	−0.0511	0.1110	−0.4602	0.6466
δ_{11}	−0.0008	0.0057	−0.1403	0.8888
δ_{12}	0.0062	0.0032	1.9659	0.0527*
δ_{13}	−0.0074	0.0024	−3.0443	0.0031***
δ_{21}	−0.0014	0.0042	−0.3400	0.7347
δ_{22}	−0.0077	0.0025	−3.0769	0.0028***
δ_{23}	0.0027	0.0020	1.3433	0.1829

注：样本数 N=105；

*变量在 10%水平下显著；

**变量在 5%水平下显著；

***变量在 1%水平下显著。

6.3.1   规模经济的评价

根据 GTCF 函数的回归估计结果(表 6.4)，就可以计算出我国 21 家不同等级大型煤炭集团的规模经济总体状况(S_e)，如表 6.5 所示。这 21 家大型煤炭集团规模经济系数(S_e)既有 $S_e<1$，又有 $S_e>1$,但 $S_e<1$ 居多,即大型煤炭集团有规模经济，也有规模不经济，但规模经济居多。其中,2013 年的中国神华的 S_e=2.7623 为最大值, S_e 最大则企业规模不经济最显著；2009 年的山煤国际的 S_e=−0.1186 为最小值, S_e 最小则企业规模经济最显著。从时间角度的发展趋势看，大部分大型煤炭集团的规模经济系数逐渐增大，表明随着时间的增加，

大型煤炭集团规模经济越来越弱。我们认为主要原因是企业盲目扩大规模，忽视管理和技术水平落后、组织结构和体制运行跟不上规模做大的速度等条件，造成运营成本增加，规模经济越来越弱。而在 2012~2013 年 S_e 增加幅度最大，主要原因在于 2012 年是煤炭产业黄金十年的末期，煤炭行业的不景气，使得企业收入少、利润低，运营成本增加，规模经济更加不明显。

表 6.5　21 家大型煤炭集团规模经济系数(S_e)

煤炭集团		2009 年	2010 年	2011 年	2012 年	2013 年
一级	中国神华	1.1880	1.6018	1.7396	1.8156	2.7623
	中煤能源	1.1023	1.1158	1.1448	1.1414	1.0855
	兖州煤业	0.6841	0.7115	0.8138	0.7523	0.8372
二级	西山煤电	0.7006	0.6932	1.0870	1.1123	1.0905
	山煤国际	−0.1186	0.4620	0.6238	1.1005	1.2431
	山西潞安	0.9209	0.7968	0.6203	0.5677	0.6671
	河南神火	−0.1061	1.0731	1.2968	1.2496	1.2206
	冀中能源	0.8041	0.8796	0.9092	0.8513	0.8779
	阳泉煤业	0.7439	0.8861	1.3295	1.5312	0.6841
	平煤集团	0.8758	0.7996	0.7823	0.6617	0.5967
	开滦能源	1.1572	1.0318	1.0965	1.1190	1.1160
	兰花科创	0.7121	0.6597	0.7594	0.7628	0.7763
	大同煤业	0.2757	0.3414	0.7343	0.8608	0.3871
三级	贵州盘江	0.2960	0.2720	1.0147	0.0641	0.4644
	恒源煤电	0.4527	0.4787	0.4397	0.5432	0.5403
	上海大屯	0.7379	0.7640	0.7347	0.7067	0.6702
	郑州煤电	0.7686	0.8708	1.0055	1.2155	1.2475
	安源煤业	0.5031	0.5323	0.5168	0.8142	0.9914
	山西焦化	0.4655	0.6117	0.6789	0.6608	0.6652
	云南煤业	−0.0346	0.5486	0.5727	0.5499	0.5743
	甘肃靖远	0.1630	0.1686	0.1439	0.2995	0.5641

依照等级级别对三类大型煤炭集团进行整体研究，求得各年份的均值作为三类大型煤炭集团的规模经济系数(S_e)。根据图 6.1，大型煤炭集团的规模经济随着等级的增加而相应增大，其中，一级大型煤炭集团的 S_e 几乎都大于 1，最小值为 0.9915，说明一级大型煤炭集团总体上处于规模不经济，而二、三级大型煤炭集团的规模经济系数(S_e)均值都小于 1，说明这两类大型煤炭集团总体上处于规模经济。图 6.1 中，一级大型煤炭集团的 S_e 曲线形状呈现先

上升后平缓而后快速上升的变化趋势，二级大型煤炭集团的 S_e 均值呈现先上升后下降的变化趋势，三级大型煤炭集团的 S_e 均值呈现先上升后缓慢下降而后上升的变化趋势。我国大型煤炭集团处于一级的企业总资产很大，但处于规模不经济的状态，说明我国大型煤炭集团的发展受到一定的限制，收益效率低下，表现为"大而不强"[135]。

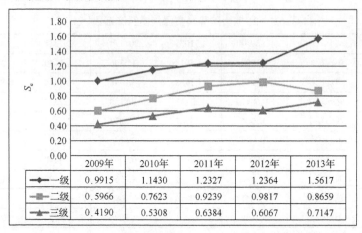

图 6.1　三类大型煤炭集团各年份 S_e 均值的变化趋势

究其原因，本章认为主要有以下几点。

(1)政府过多干预。我国大型煤炭集团大多数是国有企业，在制定目标和战略时，需要充分考虑国家政策，煤炭行业黄金十年过后，市场行情不景气，但大型煤炭集团需要"以量保价"，企业盲目扩大煤炭产量，增加公司运营成本、经济收益低下。管理制度落后、管理机构混乱等是国有企业的通病，其造成人均利润低，经济收益差。大型煤炭集团煤炭销量和价格更多的是受政府政策的控制，企业缺乏自主性；政府行政手段干预企业的兼并重组或扩产是大型煤炭集团规模扩大的主要手段，而非市场所推动，市场在其中发挥的作用有限。

(2)缺乏企业核心竞争力。大型煤炭集团为了抢占市场份额，增强企业影响力，把重心放在扩大"规模"上，盲目增加产量而忽视质量，使得产品缺乏竞争力，导致的结果是大企业和小企业在同一层次上竞争，大型煤炭集团市场竞争压力极大，而且大型煤炭集团技术优势不明显，缺乏特色，企业核心竞争力较弱，尽管营业收入居高，但是利润较小。

(3)组织结构、体制运行发展缓慢。大型煤炭集团追求扩大规模来促进企业发展，却忽视了自身角色和性质限制着企业的发展。中小煤炭集团是煤炭行业的重要组成部分，但中小煤炭集团忽视专业化、精品化发展，过多追求全能化，超出角色范围，这种不合理的行业组织结构增加了大型煤炭集团的竞争压力。再者，企业自身体制难以适应企业规模的迅速扩张。

(4)盲目兼并中小企业和开采矿井。大型煤炭集团为了获得更多的煤炭资源，保证销量，忽视煤炭资源本身的空间分散性，造成管理成本和运输成本的增加。

6.3.2　范围经济的评价

同样根据 GTCF 函数的回归估计结果(表 6.4)，可以计算得到 21 家不同等级的大型煤炭集团的范围经济系数(S_c)的总体情况，如表 6.6 所示。其中，既有大于 0 的数据，也有小于 0 的数据，但是大于 0 的数据更多，说明这 21

表 6.6　21 家大型煤炭集团范围经济系数(S_c)

煤炭集团		2009 年	2010 年	2011 年	2012 年	2013 年
一级	中国神华	11.7035	−3.9503	−2.8759	−2.3551	−0.9859
	中煤能源	8.8979	19.6144	20.6100	16.6584	9.4923
	兖州煤业	1.7725	2.0265	2.4013	2.1678	2.6032
二级	西山煤电	1.8110	2.0161	13.5319	13.4149	13.4915
	山煤国际	0.7750	1.7112	2.5505	−59.8713	−8.4031
	山西潞安	2.6747	2.4592	1.7615	1.6425	2.0471
	河南神火	0.7965	11.3490	−8.9394	−13.2086	−14.5227
	冀中能源	2.6026	3.4118	3.7235	3.0169	3.3346
	阳泉煤业	2.2165	3.5071	−15.3382	−3.8504	1.7829
	平煤集团	2.8725	2.5751	2.5234	2.0852	1.9602
	开滦能源	16.6575	7.6767	21.7373	24.2461	15.6103
	兰花科创	2.1327	2.0589	2.6654	2.5446	2.4959
	大同煤业	1.0752	1.1734	2.1178	2.9829	1.3127
三级	贵州盘江	1.0965	1.1002	4.5745	0.9107	1.3721
	恒源煤电	1.3379	1.4575	1.3959	1.5568	1.5422
	上海大屯	2.3012	2.5230	2.6094	2.5341	2.8064
	郑州煤电	3.4756	6.0430	27.4038	42.2307	−6.8966
	安源煤业	1.4026	1.5001	1.5840	2.8713	4.6542
	山西焦化	1.5755	1.9701	2.2828	2.1638	2.2994
	云南煤业	0.9259	1.9972	2.0425	2.1055	2.1412
	甘肃靖远	0.9658	1.0061	1.1019	1.3267	1.9427

家大型煤炭集团既有范围经济，也有范围不经济，但范围经济居多。其中，表中 S_c 值最大的是 2012 年的郑州煤电，值为 42.2307，S_c 值最大则说明郑州煤电多元化发展效果显著；S_c 值最小则企业范围不经济最显著，表中 S_c 值最小的是 2012 年的山煤国际，值为–59.8713，说明山煤国际多元化发展较为落后。就发展趋势来看，各企业变化趋势不规律。

依照等级级别对三类大型煤炭集团进行整体研究，求得各年份的均值作为三类大型煤炭集团的范围经济系数 (S_c)。根据图 6.2 折线形状，发现不同级别的范围经济系数 S_c 均值在不同年度相互交错，据此可以认为大型煤炭集团的范围经济与企业规模之间没有显著的相关关系。就发展趋势来看，一级大型煤炭集团 S_c 均值呈现先减小后缓慢增大而后减小的变化趋势，二级大型煤炭集团 S_c 均值呈现先缓慢减小后快速减小而后快速增大的变化趋势，三级大型煤炭集团 S_c 均值呈现先缓慢增大后快速减小的变化趋势。综上所述，随着时间的增长，一级大型煤炭集团范围经济越来越不明显，二级大型煤炭集团范围经济先减弱后增强，三级大型煤炭集团范围经济先增强后减弱。

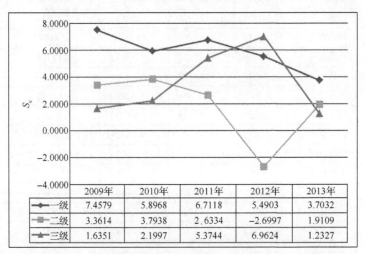

	2009年	2010年	2011年	2012年	2013年
一级	7.4579	5.8968	6.7118	5.4903	3.7032
二级	3.3614	3.7938	2.6334	-2.6997	1.9109
三级	1.6351	2.1997	5.3744	6.9624	1.2327

图 6.2　三类大型煤炭集团各年份 S_c 均值的变化趋势

我国大型煤炭集团在考察期内之所以存在范围经济，本章认为主要原因是大型煤炭集团的多元化发展。在煤炭产业的"黄金十年"里，大型煤炭集团迅速发展，逐渐成为大型企业集团，拥有雄厚的资金和不断创新的专业团队，为企业发展多元化经营提供了基础。近几年由于煤炭行业的不景气，各大型煤炭集团经营者认识到要想在激烈的竞争环境下处于有利的位置，实现公司可持续发展，促进企业经济的多元化发展是关键。在这一进程中，既包括以煤为基础的相关多元化，如煤电一体化、煤化工等，也包括一些非相关多元化，如房地产经营等。据 2013 年数据，全国 100 强大型煤炭集团的非煤产业营业收入 20623 亿元，比重首次突破 60%，这表明全国多数大型煤炭集团已形成"以煤为主，多元发展"的产业格局。尤其是神华集团开创中国煤炭行业的新纪元，积极实施生产运营一体化模式，集矿、路、电、港、航、煤制油煤化工六大板块于一体，神华集团的成功是我国煤炭多元化经营模式的成功案例。同时，我国正在建设环境友好型、资源节约型社会，为了顺应国家政策，许多大型煤炭集团开始积极转型，大力发展煤炭的深加工，延伸煤炭产业链，寻求生产环境污染小、经济效益高的产品。我国大型煤炭集团多元化经营起步较晚，产业扩张还在摸索中，每个企业经营状况不同，寻找一条适合自己的多元化发展道路是未来企业关注的重点。

6.4　产业协同与协同途径的计量检验

大型煤炭集团内部产业协同通过横向一体化和纵向一体化进行延展来实现经济效应。在业务层面上，延长产业链带动企业内部板块间合作，希冀开发内部市场使企业上下游产品互相匹配，形成范围经济，从而在一定程度上增强企业抵御外部风险的能力的同时降低自身的生产成本；在管理层面上，通过集团对下属子公司的有效调度，采用一定的行政手段，对企业的发展布局、人力资源调配、信息共享进行宏观的职能约束，以子公司的利益带动整个集团利益的发展，从而摆脱企业在长期运营中的"规模不经济"的问题。

本节从大型煤炭集团协同现状入手，考察企业内部的产业协同是否给企业带来了规模经济或范围经济。研究过程中，协同现状的替代变量使用前文提到的业务协同度衡量企业内部纵向一体化的协同程度，同时根据企业年报中的管理费用和企业总规模的比值来衡量企业内部横向一体化的协同程度，主要的计算公式见式(4.2)、式(4.3)和式(4.4)。

关于对范围经济和规模经济的衡量，采用 6.3 节计算过的范围经济系数和规模经济系数代入测算。样本选取如上 21 家国内大型煤炭集团上市公司，数据来自于 2009~2013 年的年报与锐思金融数据库。

6.4.1　产业协同与规模经济

根据以上变量与样本，在测算产业协同与规模经济时，以横向职能协同度 HSI 为自变量，规模经济系数 S_e 为因变量，采用 OLS 法进行估计，建立如下模型：

$$S_e = f(C, \text{HSI}) \tag{6.13}$$

采用 EViews6.0 软件进行估计，OLS 估计结果如表 6.7 所示。

表 6.7　协同与规模经济估计结果

变量	系数	T-统计量	P 值
C	0.998179	12.14904	0.0000***
HSI	−1.976501	−2.547609	0.0134**
R^2	0.096107		
调整 R^2	0.081350		
DW 值	2.514929		

**变量在 5%水平下显著；
***变量在 1%水平下显著。

此时，估计模型为

$$S_e = 0.998179 - 1.976501\text{HSI} \tag{6.14}$$

根据 OLS 估计结果，可以看出，大型煤炭集团内部的横向职能协同与规模经济关系显著，但是呈现负相关关系(图 6.3)。说明大型煤炭集团内部规模经济效应的效果在加强内部横向职能协同的过程中变差，对这一结论合理的解释来自于煤炭产业大规模进行横向扩张的不适应性所导致。大型煤炭集团或是出于规避风险的需求，或是由于肩负社会责任的被动需要，或是由于辉煌时期的投机行为并入了大量与主业不相关的产业，在涉入不相关领域时管

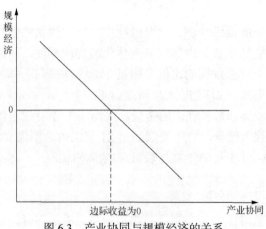

图 6.3　产业协同与规模经济的关系

理经验的不成熟、专业型管理人才的缺乏、信息体系的不透明使得企业面临较大的市场风险与管理压力。在这种情况下,企业非但没有在横向职能协同中产生规模经济,反而影响了规模经济的效果,长此以往将会导致规模不经济现象的发生,从而增加企业的运营负担。

6.4.2　产业协同与范围经济

根据以上变量与样本,在衡量产业协同与范围经济时,因变量为范围经济系数 S_c,自变量为企业纵向业务协同度 VSI,同样采用 OLS 方法来进行估计,建立估计模型如下:

$$S_c = f(C, VSI) \tag{6.15}$$

采用 EViews6.0 进行估计,OLS 估计的结果如表 6.8 所示。

表 6.8　产业协同与范围经济估计结果

变量	系数	T-统计量	P 值
C	1.237367	3.338578	0.0016***
VSI	5.548293	2.091454	0.0415**
R^2	0.062858		
调整 R^2	0.008847		
DW 值	2.749463		

**变量在 5%水平下显著;
***变量在 1%水平下显著。

此时,估计模型为

$$S_c = 1.237367 + 5.548293 VSI \tag{6.16}$$

根据 OLS 估计结果,可以看出,大型煤炭集团内部纵向业务协同与范围经济关系在 5%水平下显著,呈现正相关关系(图 6.4)。说明大型煤炭集团内部在加强纵向业务协同的过程中的确创造了范围经济效应,并且随着协同的不断开展,范围经济效应越来越显著。该结论的合理解释来自于大型煤炭集团内部相关多元化产业的发展,企业延产业链采取"吃干榨净"的发展模式,将上下游产品有机匹配,如煤炭—煤化工,煤炭—电力,煤炭—水泥,这种发展方式既节省了交易费用,降低了生产成本,同时对废渣废料的综合利用保护了环境,对开展循环经济做出了有力的实践。业内良好的探索有如同煤塔山循环经济园构建起"煤—电—建材"和"煤—化工"两条完整的产业链条,是未来中国煤炭产业发展的方向。

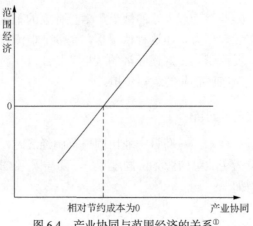

图 6.4　产业协同与范围经济的关系[①]

6.5　本章小结

　　本章通过对大型煤炭集团经济效应现状的分析，借助广义超越对数成本函数来拟合我国煤炭业的成本结构，在成本函数系数估计的基础上计算了煤炭业的规模经济系数和范围经济系数，实证分析我国主要大型煤炭集团在2009~2013 年规模经济和范围经济状况。

　　在规模经济方面，我国大型煤炭集团存在规模经济和规模不经济，而且企业规模越大，规模不经济越明显。从时间趋势来看，随着时间推移规模经济越来越不明显。这与我国大型煤炭集团的体制、管理经验和技术水平较为落后，组织结构和体制运行跟不上规模做大的速度，煤炭资源空间分散性的客观条件等方面有关。

　　在范围经济方面，我国大型煤炭集团普遍存在范围经济，但范围经济与企业规模关系不明显。在我国煤炭产业"黄金十年"里大型煤炭集团积攒了大量的资金，成为发展多元产业的基本条件，从而形成以煤为基础，相关多元产业格局。从目前的市场环境来看，我国煤炭处于转型期，多元化发展战略是大型煤炭集团关注的重点。我国大型煤炭集团多元化发展与国外相比起步较晚，需要在探索中前进。

---

　　①相对节约成本是指同时生产 n 种产品的成本与分别生产 n 种产品的成本差值。"0"水平线以下的部分代表范围不经济现象，"0"水平线以上部分代表范围经济。

　　在我国大型煤炭集团协同创造的经济效应上,横向协同创造了规模经济,然而大型煤炭集团管理经验的缺乏等主观原因,使得协同在一定程度上损害了规模经济的效果。这需要大型煤炭集团在未来发展中需要提高专业化管理水平。另外,纵向协同创造了范围经济效应,且随着协同的不断开展,范围经济效应越来越显著。由此看来,大型煤炭集团合理延长产业链,在企业内部建立完善的循环利用体系是非常必要的。

　　除了以上实践上的启示意义,本章的结论还表明,大型煤炭集团的规模经济和范围经济的确带来了成本降低的协同效益,虽然这种效益是动态变化的,且产业协同战略是引发范围经济和规模经济的重要原因,这种结果印证了图 4.2 所示的理论模型的科学性和正确性。

第7章 大型煤炭集团产业协同的演化系统

经由前面的研究,我们成功构建了大型煤炭集团产业协同的机理模型并进行了实证检验,表明了理论模型的科学性和正确性。接下来,本章将基于这一结果,构建大型煤炭集团产业协同的演化系统,意图揭示当理论模型中的诸多要素共同发生作用时对企业经营的影响,并发现主要的协同路径。

7.1 大型煤炭集团产业协同系统分析

7.1.1 系统及系统边界

多元化的大型煤炭集团类似于一个复杂的大系统,而内部各产业板块则是其子系统,且它们之间既相互独立,又有机关联。如煤炭子系统本身就是集生产、销售、价格、成本、物流、财务、信息和人力资源等众多要素集合的大系统;同时,集团内部各子系统之间又相互协同,基于燃料、原料、物流、资金和信息等要素发生着复杂的内部业务往来关系,如此相互交叉形成了一个复杂的大型煤炭集团产业协同系统。

考察这一大系统的边界时,科斯定理指出:企业边界定位于内部交易成本等于外部交易成本时,即当企业内部交易成本低于外部交易成本时,通过企业内部合作更具经济性,企业规模将进一步扩大,而当企业内部交易成本高于外部交易成本时,企业内部合作的成本增加,外部采购更具经济性,企业规模不再扩张。根据这一定理,本章定义大型煤炭集团系统的边界为:企业内部交易价格等于外部采购价格时。相关模型边界变量如表 7.1 所示。

表 7.1 模型边界变量表

变量	单位	变量	单位
内部销售系数	—	外部原材料、燃料动力等	亿元
产能设计系数	—	人工成本	亿元
投资系数	亿元	其他成本	亿元
投资产能回报率	吨/元	销售价格	元/吨
内部单位成本	元/吨	外部采购量	亿吨
折旧摊销	亿元	外部采购价格	元/吨

7.1.2　系统因果关系图

　　根据各产业板块间的交易关系，构建大型煤炭集团业务因果关系模式如图 7.1 所示。通过增加内部交易量会降低采购成本和增加板块利润，从而为下一轮规模扩大化提供基础，而规模扩大后所产生的规模经济又会使企业平均成本进一步降低，各板块利润由此增加，如此反复形成图 7.1(a)所示的正反馈回路；当产量和产品种类超过一定范围时，随着规模不经济效用发挥作用，各产业板块成本开始增加，企业利润下降，而规模扩大使得内部需求增加，由此形成如图 7.1(b)所示的正反馈和负反馈回路。

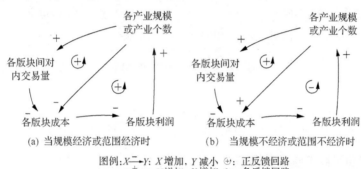

图 7.1　集团业务因果关系模式图

　　以煤炭和电力板块为例，当内部交易成本低于外部交易成本时，它们之间的因果关系如图 7.2(a)所示；当内部交易成本高于外部交易成本时，它们之间的因果关系如图 7.2(b)所示。主要反馈回路(+为增加，−为减少)如下。

　　(1)煤炭对电力交易量——$^+$→煤炭内部收入——$^+$→煤炭板块收入——$^+$→煤炭板块利润——$^+$→煤炭板块规模——$^+$→煤炭对电力交易量，该回路是一个正反馈回路；

　　(2)煤炭板块利润——$^+$→煤炭板块规模——$^{-(+)}$→煤炭板块成本——$^-$→煤炭板块利润，该回路是一个正(负)反馈回路；

　　(3)煤炭板块利润——$^+$→煤炭板块规模——$^+$→电力对煤炭交易量——$^+$→煤炭板块成本——$^-$→煤炭板块利润，该回路是一个负反馈回路；

　　(4)电力板块利润——$^+$→电力板块规模——$^+$→电力板块成本——$^{-(+)}$→电力板块利润，该回路是一个负(正)反馈回路；

　　(5)电力对煤炭交易量——$^+$→电力板块收入——$^+$→电力板块利润——$^+$→电力板块规模——$^+$→电力对煤炭交易量，该回路是一个正反馈回路。

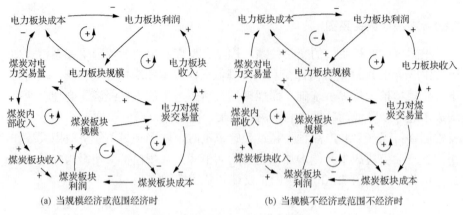

(a) 当规模经济或范围经济时　　　　　　(b) 当规模不经济或范围不经济时

图例：$X \Rightarrow Y$：X 增加，Y 减少：正反馈回路
$X \xrightarrow{+} Y$：X 增加，Y 增加⊖：负反馈回路

图 7.2　煤电系统因果关系图

7.2　大型煤炭集团产业协同的系统动力学模型

7.2.1　产业协同系统模型流图

煤炭板块是煤矿企业的主业和利润的主要来源，且在过去的"黄金十年"中，企业多元化发展的资金支撑也主要源于煤炭板块，相应的多元化产业也大都与煤炭相关，并构建了以煤为基的多元化发展模式。如煤炭板块和电力板块，后者的动力燃料来自于前者，而前者的生产中也离不开后者，因此，煤炭板块的煤炭销售面向外部市场和内部市场，电力市场亦然。因此，产业板块之间的业务往来是大型煤炭集团产业协同的主要体现形式，据此用内部销售系数这一指标来体现煤矿企业各产业板块之间的协同程度。本系统设置初始时间为 2008，结束时间为 2013，时间步长为 1，时间单位为年，建立的煤矿企业产业协同系统的流图如图 7.3 所示。

7.2.2　基本方程式构建

根据图 7.3 所示的变量之间的关系，最终建立各基本方程式如表 7.2 所示。

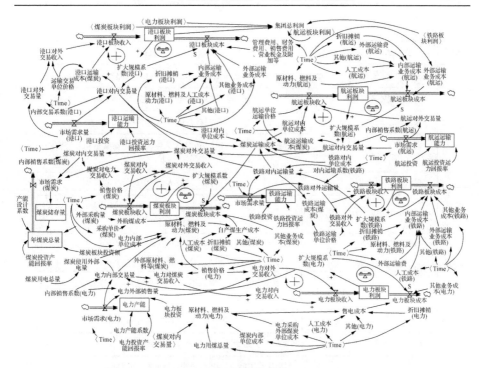

图 7.3　煤矿集团产业协同系统流图

表 7.2　系统基本方程式

板块	变量名称	单位	基本方程式
煤炭	原材料、燃料及动力（煤炭）	亿元	外部原材料、燃料等（煤炭）+电力内部单位成本×电力内部交易量+销售价格（电力）×煤炭使用外部电量
	外购煤成本	亿元	外部采购量（煤炭）×采购单价（煤炭）
	市场需求（煤炭）	亿吨	煤炭对内交易量+煤炭对外交易量
	年煤炭总量	亿吨	煤炭储存量×产能设计系数+煤炭板块投资额×煤炭投资产能回报率+外部采购量（煤炭）–市场需求（煤炭）
	煤炭使用外部电量	兆瓦·时	煤炭用电总量–电力内部交易量
	煤炭储存量	亿吨	上期煤炭储存量–市场需求（煤炭）
	煤炭对内交易收入	亿元	煤炭对电力交易收入
	煤炭对内交易量	亿吨	煤炭对外交易量×内部销售系数（煤炭）/（1–内部销售系数（煤炭））
	煤炭对外交易收入	亿元	煤炭对外交易量×销售价格（煤炭）

续表

板块	变量名称	单位	基本方程式
煤炭	煤炭对外交易量	亿元	(港口对内交易量+航运对内交易量+铁路对内运输量)/1000
	煤炭对电力交易收入	亿元	煤炭对内交易量×销售价格(煤炭)
	煤炭板块利润	亿元	煤炭板块收入–煤炭板块成本
	煤炭板块成本	亿元	其他业务成本(煤炭)+外购煤成本+煤炭运输成本+自产煤生产成本
	煤炭板块收入	亿元	煤炭对内交易收入+煤炭对外交易收入
	自产煤生产成本	亿元	人工成本(煤炭)+其他成本(煤炭)+原材料、燃料及动力(煤炭)+折旧摊销(煤炭)
电力	原材料、燃料及动力(电力)	亿元	煤炭对内交易量×煤炭内部单位成本+(电力用煤总量–煤炭对内交易量)×电力采购外部煤炭单位成本
	售电成本	亿元	人工成本(电力)+其他成本(电力)+原材料、燃料及动力(电力)+折旧摊销(电力)
	煤炭使用外部电量	兆瓦·时	煤炭用电总量–电力内部交易量
	煤炭对内交易量	亿吨	煤炭对外交易量×内部销售系数(煤炭)/(1–内部销售系数(煤炭))
	电力产能	兆瓦·时	市场需求(电力)×电力产能系数+电力板块投资×电力投资产能回报率
	电力内部交易量	兆瓦·时	市场需求(电力)×内部销售系数(电力)
	电力外部销售量	兆瓦·时	市场需求(电力)×(1–内部销售系数(电力))
	电力对内交易收入	亿元	电力对煤炭交易收入
	电力对外交易收入	亿元	电力外部销售量×销售价格(电力)
	电力对煤炭交易收入	亿元	电力内部交易量×销售价格(电力)
	电力板块利润	亿元	电力板块收入–电力板块成本
	电力板块成本	亿元	其他成本业务成本(电力)+售电成本
	电力板块收入	亿元	电力对内交易收入+电力对外交易收入
铁路	内部运输业务成本(铁路)	亿元	人工成本(铁路)+其他成本(铁路)+原材料、燃料及动力(铁路)+外部运输费+折旧摊销(铁路)
	铁路对内运量	亿吨·千米	市场需求量×对内运输系数(铁路)
	铁路对外交易收入	亿元	铁路对外运量×铁路运输单位价格
	铁路对外运量	亿吨·千米	市场需求量×(1–对内运输系数(铁路))
	铁路板块利润	亿元	铁路板块收入–铁路板块成本

续表

板块	变量名称	单位	基本方程式
铁路	铁路板块成本	亿元	其他成本业务成本(铁路)+内部运输业务成本(铁路)+外部运输业务成本(铁路)
	铁路板块收入	亿元	铁路对外交易收入+铁路运输成本(煤炭)
	铁路运输成本(煤炭)	亿元	铁路运输单位价格×铁路对内运输量
	铁路运输能力	亿吨·千米	市场需求量+铁路投资×铁路投资运力回报率
港口	内部运输业务成本(港口)	亿元	人工成本(港口)+其他成本(港口)+原材料、燃料及动力(港口)+外部运输费+折旧摊销(港口)
	港口对内运输量	亿吨·千米	市场需求量×对内运输系数(港口)
	港口对外交易收入	亿元	港口对外运输量×港口运输单位价格
	港口对外运输量	亿吨·千米	市场需求量×(1−对内运输系数(港口))
	港口板块利润	亿元	港口板块收入−港口板块成本
	港口板块成本	亿元	其他成本业务成本(港口)+内部运输业务成本(港口)+外部运输业务成本(港口)
	港口板块收入	亿元	港口对外交易收入+港口运输成本(煤炭)
	港口运输成本(煤炭)	亿元	港口运输单位价格×港口对内运输量
	港口运输能力	亿吨·千米	市场需求量+港口投资×港口投资运力回报率
航运	内部运输业务成本(航运)	亿元	人工成本(航运)+其他成本(航运)+原材料、燃料及动力(航运)+外部运输费+折旧摊销(航运)
	航运对内运输量	亿吨·千米	市场需求量×对内运输系数(航运)
	航运对外交易收入	亿元	航运对外运输量×航运运输单位价格
	航运对外运输量	亿吨·千米	市场需求量×(1−对内运输系数(航运))
	航运板块利润	亿元	航运板块收入−航运板块成本
	航运板块成本	亿元	其他成本业务成本(航运)+内部运输业务成本(航运)+外部运输业务成本(航运)
	航运板块收入	亿元	航运对外交易收入+航运运输成本(煤炭)
	航运运输成本(煤炭)	亿元	航运运输单位价格×航运对内运输量
	航运运输能力	亿吨·千米	市场需求量+航运投资×航运投资运力回报率

7.3　产业协同系统的仿真分析

以神华集团为例,对其 2008~2013 年的产业协同情况运用 Vensim 软件展开仿真分析。神华集团成立于 1995 年,已经发展成为集煤矿、铁路、港口、航运及电力于一体的多元化特大型能源企业,并开创了煤电路港航的一体化产业协同模式,因此最具有代表性。

7.3.1　参数的确定

模型中的参数有常数值、初始值、表函数等,为了简化流图参数,将那些随时间变化不明显的参数取常数值。相关参数值主要来源于神华集团 2008~2013 年的《集团年度报告》以及历年的《中国煤炭工业年鉴》,而对于模型中物质转化比率和固定参数的设置,主要根据相关产业的专业分析报告以及目前该产业的市场环境,运用算术平均法计算得到。一些参数如煤炭价格、电力价格、运输单位价格则主要来源于神华集团的年度报告。具体参数取值如表 7.3 所示。

表 7.3　参数取值情况

参数	单位	2008 年	2009 年	2010 年	2011 年	2012 年	2013 年
煤炭储存量	亿吨	—	—	—	—	—	87.250
产能设计系数	—	—	—	—	—	—	0.039
煤炭板块投资系数	—	—	—	—	—	—	0.004
煤炭投资产能回报率	吨/元	—	—	—	—	—	0.001
销售价格(煤炭)	元/吨	320.460	392.830	420.450	445.120	427.800	390.700
煤炭内部单位成本	元/吨	90.900	100.800	107.000	116.000	124.600	124.500
外部原材料、燃料等(煤炭)	亿元	41.730	41.490	49.510	60.370	73.210	78.690
人工成本(煤炭)	亿元	22.230	23.740	34.080	41.290	43.850	47.660
其他成本(煤炭)	亿元	61.900	91.640	116.370	161.670	192.720	184.290
其他成本业务成本(煤炭)	亿元	5.270	8.680	30.590	29.090	69.810	262.140
外部采购量	亿吨	0.462	0.448	0.720	1.052	1.578	2.012
外部采购价格	元/吨	337.200	316.700	367.200	436.300	441.600	367.200
折旧摊销(煤炭)	亿元	40.110	50.520	56.780	60.140	68.640	75.030

续表

参数	单位	2008 年	2009 年	2010 年	2011 年	2012 年	2013 年
电力板块投资系数	—	—	—	—	—	—	0.005
电力投资产能回报率	兆瓦·时/元	—	—	—	—	—	0.003
市场需求(电力)	亿兆瓦·时	0.903	0.977	1.317	1.756	1.935	2.102
产能对应折旧系数(电力)	元(兆瓦·时)	—	—	—	—	—	38.000
电力产能系数	—	—	—	—	—	—	1.070
销售价格(电力)	元(兆瓦·时)	332.200	345.820	345.740	353.760	373.530	375.430
电力内部单位成本	元(兆瓦·时)	241.890	242.770	257.760	257.190	281.510	259.190
人工成本(电力)	亿元	13.390	14.060	16.920	24.390	30.580	31.910
其他成本(电力)	亿元	6.660	8.010	11.090	13.720	17.610	21.010
其他成本业务成本(电力)	亿元	5.120	5.840	4.750	5.000	5.580	8.600
电力用煤总量	亿吨	0.588	0.609	0.841	1.002	1.144	1.144
电力采购外部煤炭单位成本	元/吨	337.200	316.700	367.200	436.300	441.600	367.200
折旧摊销(电力)	亿元	39.510	40.980	49.790	60.800	78.040	75.120
市场需求量(铁路)	亿吨·千米	1233.000	1382.000	1503.000	1623.000	1762.000	2116.000
产能对应折旧增加系数	元	—	—	—	—	—	0.012
铁路投资运力回报率	吨·千米/元	—	—	—	—	—	0.437
铁路运输单位价格	元	0.140	0.140	0.140	0.140	0.140	0.140
铁路对内单位成本	元	0.054	0.053	0.056	0.055	0.057	0.053
原材料、燃料及动力(铁路)	亿元	18.080	19.800	22.580	23.550	25.350	29.150
外部运输费	亿元	2.240	2.820	3.380	2.880	3.830	4.650
人工成本(铁路)	亿元	14.230	15.470	17.550	20.300	23.060	23.670
其他成本(铁路)	亿元	5.440	7.350	9.290	9.770	12.290	15.660
外部运输业务成本(铁路)	亿元	9.070	9.400	10.700	12.900	14.040	14.170
其他成本业务成本(铁路)	亿元	1.440	1.260	1.390	1.430	2.670	3.270
折旧摊销(铁路)	亿元	16.230	16.970	18.850	19.010	19.150	20.880
市场需求量(港口)	亿吨	1.394	1.592	1.699	2.101	2.622	2.273
港口投资运力回报率	吨/元	—	—	—	—	—	0.003
原材料、燃料及动力(港口)	亿元	1.970	1.890	2.240	2.660	2.460	2.570

续表

参数	单位	2008 年	2009 年	2010 年	2011 年	2012 年	2013 年
人工成本(港口)	亿元	0.850	1.020	1.160	1.490	1.690	2.130
其他成本(港口)	亿元	2.620	2.900	6.120	5.010	5.060	5.130
外部运输业务成本(港口)	亿元	0.490	0.930	0.970	0.840	0.660	0.680
其他成本业务成本(港口)	亿元	0.080	0.100	0.140	0.120	0.120	0.120
运输交易单位价格(港口)	元/吨	13.900	13.360	15.300	13.420	11.600	16.450
港口对内单位成本	元/吨	8.390	8.580	9.760	7.730	6.150	6.960
折旧摊销(港口)	亿元	5.690	6.050	5.860	6.120	6.140	5.180
市场需求(航运)	亿吨	—	—	0.259	0.806	0.977	1.186
航运投资运力回报率	吨/元	—	—	—	—	—	0.009
原材料、燃料及动力(航运)	亿元	—	—	0.430	108.000	2.020	2.650
其他成本(航运)	亿元	—	—	0.140	0.770	0.940	1.260
人工成本(航运)	亿元	—	—	0.060	0.250	0.300	0.180
外部运输业务成本(航运)	亿元	—	—	7.730	25.820	23.640	29.890
外部运输费(航运)	亿元	—	—	4.850	14.370	9.070	11.760
航运单位运输价格	元/吨	—	—	60.270	63.260	44.220	42.890
航运内部单位成本	元/吨	—	—	51.620	54.130	37.670	39.140
折旧摊销(航运)	亿元	—	—	0.160	0.350	0.830	0.980

7.3.2　模型的检验

系统动力学模型的检验原则是：一个正确模型的运行结果应该在任何情境下都与现实相吻合，否则，模型自身就需要进一步改进。将大型煤炭集团产业协同模型中的煤炭内部销售系数设置为内部销售系数(煤炭)=IF THEN ELSE(time <= 2009.5,0.167,0.5)，即如果模型符合现实，其新的运行结果就会和初始值 0.167 有所不同。测试结果如图 7.4(a)所示，模型运行 1 年半后，内部销售系数突然增加，市场需求量随之增加，煤炭销售收入增加，集团总体利润也随之增加，显示出测试结果比原来的初始值要大。同样地，如果将铁路内部销售系数设置为内部销售系数(铁路)=IF THEN ELSE(time <= 2009.5,0.891,0.5)，测试结果如图 7.4(b)所示，发现模型运行 1 年半后，铁路的内部销售系数增加，得到了类似以上的仿真结果。模型通过了多个现实性测试，可以进一步进行模拟分析。

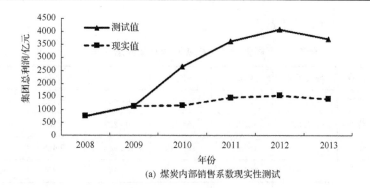

(a) 煤炭内部销售系数现实性测试

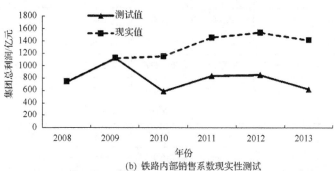

(b) 铁路内部销售系数现实性测试

图 7.4　煤炭和铁路内部销售系数现实性测试

7.3.3　仿真模拟分析

通过调节各产业间的内部销售系数，来模拟整个集团的利润构成变化，进而分析不同产业间的协同程度是如何影响集团绩效的。为了方便比较，让不同产业的内部销售系数分别增长 10%，此时控制变量的情境参数如表 7.4 所示。

表 7.4　控制变量的情境设置

策略	内部销售系数				
	煤炭	电力	铁路	港口	航运
现实情境	0.167	0.006	0.891	0.957	0.401
策略一	0.183	0.006	0.891	0.957	0.401
策略二	0.167	0.007	0.891	0.957	0.401
策略三	0.167	0.006	0.980	0.957	0.401
策略四	0.167	0.006	0.891	0.999	0.401
策略五	0.167	0.006	0.891	0.957	0.441

模拟仿真的结果如表 7.5 所示。

表 7.5　不同情境下各板块利润及集团总利润　　　（单位：亿元）

年度	产业	现实情境	策略一	策略二	策略三	策略四	策略五
2008	集团	742.229	761.339	742.373	791.984	766.177	747.280
	煤炭	463.937	483.047	464.051	500.227	485.969	467.388
	电力	162.486	162.486	162.516	162.486	162.486	162.486
	铁路	105.890	105.890	105.890	119.354	105.890	105.890
	港口	7.677	7.677	7.677	7.677	9.593	7.677
	航运	2.240	2.240	2.240	2.240	2.240	3.840
2009	集团	1124.350	1150.752	1124.522	1190.927	1157.417	1130.301
	煤炭	793.162	819.564	793.299	844.647	824.119	797.513
	电力	200.095	200.095	200.130	200.095	200.095	200.095
	铁路	120.410	120.410	120.410	135.501	120.410	120.410
	港口	8.443	8.443	8.443	8.443	10.553	8.443
	航运	2.240	2.240	2.240	2.240	2.240	3.840
2010	集团	1150.561	1180.897	1150.772	1227.000	1188.450	1156.855
	煤炭	787.921	818.257	788.085	847.948	823.239	792.615
	电力	224.216	224.216	224.262	224.216	224.216	224.216
	铁路	126.680	126.680	126.680	143.093	126.680	126.680
	港口	9.505	9.505	9.505	9.505	12.076	9.505
	航运	2.240	2.240	2.240	2.240	2.240	3.840
2011	集团	1460.664	1500.221	1460.964	1547.629	1509.922	1481.373
	煤炭	980.421	1019.977	980.657	1049.663	1026.894	995.903
	电力	323.322	323.322	323.386	323.322	323.322	323.322
	铁路	137.380	137.380	137.380	155.103	137.380	137.380
	港口	11.913	11.913	11.913	11.913	14.698	11.913
	航运	7.628	7.628	7.628	7.628	7.628	12.854
2012	集团	1539.747	1586.538	1540.076	1633.853	1600.922	1563.588
	煤炭	1002.624	1049.415	1002.879	1077.488	1060.791	1022.036

续表

年度	产业	现实情境	策略一	策略二	策略三	策略四	策略五
2012	电力	370.145	370.145	370.219	370.145	370.145	370.145
	铁路	146.290	146.290	146.290	165.531	146.290	146.290
	港口	14.285	14.285	14.285	14.285	17.293	14.285
	航运	6.403	6.403	6.403	6.403	6.403	10.831
2013	集团	1413.923	1461.434	1414.316	1527.767	1468.021	1442.652
	煤炭	783.610	831.121	783.926	874.348	833.999	807.125
	电力	419.680	419.680	419.757	419.680	419.680	419.680
	铁路	184.790	184.790	184.790	207.897	184.790	184.790
	港口	21.694	21.694	21.694	21.694	25.404	21.694
	航运	4.148	4.148	4.148	4.148	4.148	9.361

　　总体看来，增加不同产业板块之间的协同程度后，大型煤炭集团的总利润均有所增加，表明多元化的大型煤炭集团实施产业协同战略后的确有助于改善公司绩效。但就不同的板块协同而言，对利润增长的贡献程度并不相同：煤炭和铁路的协同贡献最大，表明作为我国煤炭销售的关键制约性因素，改善铁路运输能力对大型煤炭集团绩效发挥着重要影响，囿于铁路的"国有化"性质，业界通常认为中国神华的煤铁协同模式有着特殊性，不可复制；煤电协同的贡献居第二位，但最为稳定，验证了行业内长期奉行的煤电一体化战略的正确性，二者的天然关联使得大型煤炭集团将发展电力产业作为多元化的首选；煤港和煤航的协同贡献分别位列第三和第四，二者都是煤炭销售物流的重要组成部分，有效协同后将会有效地促进产品销售，从而带来较好的绩效；排在最后的是电煤之间的协同，即电厂向煤企送电所引发的协同效应最不显著，表明电力虽然是大型煤炭集团生产的一种必要因素，但在大型煤炭集团的生产成本中所占比例并不大，因此通过二者之间的协同所带来的成本节约也相对较小。

　　此外，研究还发现对神华集团而言，不同板块间产业协同的结果是使企业规模继续增大，这就意味着系统内部的反馈关系以正反馈为主，内部交易成本小于外部交易成本，企业通过产业协同获取了更多的利润，表明集团还有进一步规模化发展的空间。发展的方向应依据各板块内部销售系数提升对其他板块的贡献度进行判断，具体说，应充分利用铁路板块对煤炭板块的支撑来增加煤炭货运量，同时利用煤炭板块对电力板块的支撑来增加发电量，如此循环形成一个最具价值的产业链体系，而其余的板块内部交易系数对其他板块的贡献并不明显。究其原因，航运市场和港口资源高度外部市场化，完全可以经由价格机制和优化组合从外部构建成本最低的物流体系，而将其内部化以后反而因行政管理费用的增加使得内部交易成本高于外部交易成本。因此，建议中国神华集团下一步重点通过发展煤炭、电力和铁路来扩大规模，而对港口和航运板块持谨慎的保守战略。

同时需要指出的是，作为一个亿吨级的大型国有企业，通过内部产业协同来稳定市场、降低成本和增加利润都是一种必要的精益化管理手段，但尚不足以抵御系统化的市场风险带来的冲击。从表 7.4 中可以看出，虽然增加内部销售系数 10%以后，集团和各板块的利润都有所上升，但上涨的幅度似乎并不大，2008~2013 年，因内部市场交易增加带来的平均利润增加额分别为 19 亿元、26 亿元、30 亿元、39 亿元、45 亿元和 48 亿元，增长率为 2%左右，它显然对如此规模的大型央企的发展而言贡献甚微。因此，在当前煤炭市场的困难情况下，除了通过产业协同来节省成本，更应该通过积极地拓展外部市场来获取更大的发展，这也为当前众多大型煤炭集团指明未来的发展方向。

7.4　本　章　小　结

通过对大型煤炭集团的系统动力学仿真分析，当不同产业板块之间的内部销售份额增长时，大型煤炭集团的经营绩效都比现实值有所提高，这为当前大型煤炭集团的产业协同实现提供了理论依据，进一步增强了大型煤炭集团通过产业协同来面对当前市场不景气的困难局面，提高了其可持续发展的能力。

就不同板块间的协同效应而言，煤炭与铁路、港口和航运等运输产业的协同效应较好。当前，国家正鼓励社会资本参与国家基础设施建设，大型煤炭集团应该抓住这一有利时机，积极以各种形式的资金投入来获取企业在物流产业的发言权，进而为通过产业协同获取持续稳定的竞争优势打下基础。

煤电产业协同展现出较好的公司绩效，且较为稳定，但这主要体现在煤炭作为原料向电厂的协同方式上，而电厂所发电力向煤炭生产端的协同效益似乎并不大。这提醒着煤电一体化企业的工作重点是如何通过优化煤种配置和运输线路，使得电厂用煤的内部市场得以扩大和稳定，而非相反。

第8章　研究结论与展望

8.1　研究结论

本书紧密结合大型煤炭集团产业协同实践，在对现有文献进行分析研究的基础上，对煤炭产业与其他产业之间的关联性进行了投入产出分析，就多元化大型煤炭集团日常经营实践中的产业协同机会和收益进行了探讨，指出其产业协同的协同学演化过程；在此基础上，以陕煤化集团为案例，运用扎根理论方法构建了大型煤炭集团产业协同模式的理论模型，并基于21家上市公司的年报数据，运用计量回归和广义超越成本函数的方法对该理论模型进行了验证；构建了大型煤炭集团产业协同的系统动力学模型，并就其演化关系以神华集团为例展开了仿真研究，指明了大型煤炭集团产业协同的演化路径。

本书通过规范性分析和实证分析，得到了以下主要研究结果。

(1)作为初级资源性产品，煤炭产业与国民经济其他产业部门之间存在着紧密的投入产出关系，包括上游的通用、专用设备制造业，电气机械及器材制造业，通信设备、计算机及其他电子设备制造业，交通运输设备制造业，建筑业，水的生产和供应业等行业，下游的电力、热力的生产和供应业，金属冶炼及压延加工业，石油加工，炼焦及核燃料加工业，交通运输及仓储业，金属制品业，化学工业，燃气生产和供应业，非金属矿物制品业，农林牧渔业等行业，这为大型煤炭集团实施产业协同提供了客观基础。在横向一体化下，大型煤炭集团内部由于生产对象一致，采掘方法相同，产品使用途径相似，使得他们在采购、后勤、技术上存在着密切关联；在纵向一体化下，由于煤炭与电力、建材、化工和冶炼等行业的密切相关性，使得它们在市场、物流、管理等方面存在着协同机会；进一步研究发现，物流板块在整个大型煤炭集团产业协同系统中发挥着序参量的角色，引导着整个产业协同有序的演化。

(2)煤炭产业的产业协同模式可以概括为"关联方式—协同途径—协同效益"三个维度的机理模型。通过对具有11个产业板块的陕煤化集团147个关键协同事件的扎根分析，发现可抽象为20个范畴和87个概念，通过主轴编码对 20 个范畴聚类分析后，可以形成 4 大类关系，即多元化动因、产业协同途径、产业关联方式和产业协同效益，通过选择编码步骤，进一步将主范畴界定为"产业关联的方式""产业协同的途径""产业协同的效益"等，并依据陕煤化集团产业协同发展的故事线建构出"多元化大型煤炭集团产业协同发展模型"，这既很好地提示了多元化大型煤炭集团产业协同发展的理论机理，又为企业经营实践指明了道路和方向。

(3) 以 21 家上市公司近三年经营业绩的实证检验证明了上述理论模型的正确性和科学性。基于扎根理论所得到的产业协同模型的优势是分析全面、逻辑性强，但这还需要得到实践的检验。本书通过对多元化—产业协同—公司绩效的研究表明，大型煤炭集团多元化与绩效之间没有显著的关系，非相关多元化与绩效间呈负相关关系，但横向职能协同和纵向业务协同与绩效间呈现显著的正相关关系；通过广义超越成本函数的研究表明，我国大型煤炭集团存在着规模经济和规模不经济的分化，但都普遍存在着范围经济，且范围经济与企业规模之间的关系并不明显；就产业协同而言，横向协同创新了规模经济，但其总体效果不明显，显示出未来加强企业内部管理的重要性和必要性。

(4) 大型煤炭集团发展多元化产业时应有所侧重和针对性，尤其应抓住对产业协同起关键作用的运输等产业。多元化的大型煤炭集团就是一个理论上的大系统，各产业板块在其中发挥着复杂的投入产出关系，在此基础上涌现出协同效应，因此，本书构建了一个系统动力学模型来描述这种产业协同关系。以神华集团为例的案例分析表明，当各产业板块之间的内部市场扩大时，大型煤炭集团的经营绩效的确可以有所提升，其中，煤炭与铁路、港口、航运等基础设施产业的协同效应最好，而煤电仅煤对电的产业协同效应较好，反之则不然。

8.2 研 究 展 望

除了业务交易关系的协同，产业协同还可由分享管理、政治关联等方式产生，但对此的实证研究较为复杂，数据也很难获取；同时，囿于研究样本，本书也多以神华集团和陕煤化集团展开案例研究，需要在以后的研究工作中进一步扩大样本范围，提高理论模型的普适性和研究结论的普遍性。

参 考 文 献

[1] 赵双琳, 朱道才. 产业协同研究进展与启示[J]. 郑州航空工业管理学院学报, 2009, 27(6): 15-20.

[2] Ambrosini V E R, Bowman C. Managerial consensus and corporate strategy: why do executives agree or disagree about corporate strategy[J]? European Management Journal, 2003, 21(2): 213-221.

[3] 张金鑫, 岳公正. 基于并购协同效应计量的难点研究[J]. 统计与决策, 2008, (22): 26-28.

[4] 白列湖. 协同论与管理协同理论[J]. 甘肃社会科学, 2007, (5): 228-230.

[5] 编辑部. 山西省拟创建煤炭产业协同创新联盟[J]. 中国煤炭, 2012, (6): 24.

[6] 徐力行, 毕淑青. 关于产业创新协同战略框架的构想[J]. 山西财经大学学报, 2007, 29(4): 51-55.

[7] 徐力行, 高伟凯. 产业创新与产业协同——基于部门间产品嵌入式创新流的系统分析[J]. 中国软科学, 2007, (6): 131-134.

[8] 韵江, 刘立, 高杰. 企业集团的价值创造与协同效应的实现机制[J]. 财经问题研究, 2006, (4): 79-86.

[9] 张捷, 张卓. 协同理论下江苏航空制造业空间布局优化对策[J]. 现代经济探讨, 2011, (4): 84-88.

[10] Cortright J. Making Sense of Clusters: Regional Competitiveness and Economic Development[D]. Washington: Brookings Institution, 2006.

[11] 胡大立. 产业关联、产业协同与集群竞争优势的关联机理[J]. 管理学报, 2006, 3(6): 709-713.

[12] Chertow M. R. Industrial symbiosis: literature and taxonomy[J]. Annual Review of Energy and the Environment, 2000, 25(1): 313-337.

[13] 董保宝, 葛宝山, 王侃. 资源整合过程、动态能力与竞争优势: 机理与路径[J]. 管理世界, 2011, (3): 92-101.

[14] 李柏洲, 薛凌. 产业共生与资源型城市协同发展[J]. 求索, 2008, (5): 5-7.

[15] 徐涵蕾. 资源型城市产业协同机会和能力评价研究[J]. 中国人口·资源与环境, 2010, 20(2): 134-138.

[16] 邱国栋, 白景坤. 价值生成分析: 一个协同效应的理论框架[J]. 中国工业经济, 2007, (6): 88-95.

[17] 朱正萱. 企业集团与"协同效应"[J]. 南京理工大学学报(社会科学版), 1999, (4): 66-69.

[18] 屈维意, 周海炜, 姜骞. 资源-能力观视角下战略联盟的协同效应层次结构研究[J]. 科技进步与对策, 2011, 28(24): 17-21.

[19] Sirower M L, Sahni S. Avoiding the "synergy trap": practical guidance on M&A decisions for CEOs and boards[J]. Journal of Applied Corporate Finance, 2006, 18(3): 83-95.

[20] 张浩. 基于混沌理论与协同学的企业战略协同机制优化研究[D]. 哈尔滨: 哈尔滨工程大学, 2009.

[21] Chatterjee S. Types of synergy and economic value: the impact of acquisitions on merging and rival firms[J]. Strategic Management Journal, 1986, 7(2): 119-139.

[22] Lubatkin M. Merger strategies and stockholder value[J]. Strategic Management Journal, 1987, 8(1): 39-53.

[23] Sadiq S, Indulska M, Jayawardene V. Research and industry synergies in data quality management[C]. Proceedings of the 16th International Conference on Information Quality, 2011.

[24] 王建峰. 区域产业转移的综合协同效应研究[D]. 北京: 北京交通大学, 2013.

[25] 周文琼. 基于 XMPP 的企业即时通信系统研究与应用[J]. 吉林大学学报(信息科学版), 2010, 28(1): 106-111.

[26] Martin M. Classification of industrial symbiosis synergies: application in the biofuels industry[R]. Environmental Technology and Management, LinkÖping University, 2009.

[27] Chertow M, Miyata Y. Assessing collective firm behavior: comparing industrial symbiosis with possible alternatives for individual companies in Oahu, HI[J]. Business Strategy and the Environment, 2011, 20(4): 266-280.

[28] Foss N J, Iversen M. Promoting Synergies in Multiproduct Firms: Toward a Resource-Based View[D]. Copenhagen: Copenhagen Business School, 1997.

[29] 龚小君. 基于资源观的企业多元化战略选择及其协同效应研究[D]. 杭州: 浙江大学, 2005.

[30] 白列湖, 王孝军. 管理协同观的历史演进[J]. 重庆工商大学学报(社会科学版), 2009, 26(5): 61-64.

[31] 李英德, 任一鑫, 颜家莉. 煤炭集团协同发展模式研究[J]. 中国矿业, 2006, 15(9): 49-51.

[32] 任一鑫, 宗科, 张立柱. 煤炭集团外部协同发展内容研究[J]. 煤炭工程, 2007, (3): 115-117.

[33] 吴玉萍, 刘娅楠, 吕小师. 煤炭产业链低碳经济发展模式研究——以煤-焦-电-建材产业链为例[J]. 内蒙古煤炭经济, 2013, (7): 17-18.

[34] 刘涛. 煤炭行业供应链协同网络模型构建与应用研究[D]. 济南: 山东大学, 2008.

[35] 洪勇, 苏敬勤. 发展中国家核心产业链与核心技术链的协同发展研究[J]. 中国工业经济, 2007, (6): 38-45.

[36] 杨建青. 作业协同机理研究及其在企业管理中的应用[J]. 工业控制计算机, 2005, (9): 47.

[37] 田凯, 李健军, 任一鑫. 矿业城市与矿业企业阶段协同发展理论探讨[J]. 中国煤炭, 2002, 28(1): 21-23.

[38] 武晓鹏. 资源协同圈: 京津冀区域深度合作的突破口[J]. 投资北京, 2010, (11): 17.

[39] Homberg F, Rost K, Osterloh M. Do synergies exist in related acquisitions? A meta-analysis of acquisition studies[J]. Review of Managerial Science, 2009. 3(2): 75-116.

[40] Herrmann C, Heinemann T, Thiede S. Synergies from Process and Energy Oriented Process Chain Simulation — a case study from the aluminium die casting industry, in globalized solutions for sustainability in manufacturing[M]. Berlin: Springer Publisher, 2011.

[41] Han-lei X U. Industry synergies opportunities and ability evaluation in resource-based city[J]. China Population Resources and Environment, 2010, (2): 10-22.

[42] Huber G W, Corma A. Synergies between bio-and oil refineries for the production of fuels from biomass[J]. Angewandte Chemie International Edition, 2007, 46(38): 7184-7201.

[43] 傅贻忙. 产业技术创新与产业成长耦合协同发展研究[J]. 科技经济市场, 2011, (11): 106-108.

[44] 顾菁, 薛伟贤. 高技术产业协同创新研究[J]. 科技进步与对策, 2012, (22): 84-89.

[45] 喻汇. 基于技术联盟的企业协同创新系统研究[J]. 工业技术经济, 2009, (4): 124-128.

[46] 张钢, 陈劲, 许庆瑞. 技术、组织与文化的协同创新模式研究[J]. 科学学研究, 1997, (2): 56-61.

[47] 水常青, 郑刚, 许庆瑞. 影响中国大中型工业企业协同创新要素的实证研究[J]. 科学学与科学技术管理, 2004, 25(12): 44-48.

[48] 陈劲, 谢芳, 贾丽娜. 企业集团内部协同创新机理研究[J]. 管理学报, 2006, 3(6): 733-740.

[49] 刘光东, 武博, 孙天元. 我国新能源汽车产业协同创新现状及发展对策——基于模块化分工视角[J]. 现代经济探讨, 2012, (7): 54-58.

[50] 冯劲, 代吉林. 战略管理理论综述: 竞争理论与资源观的理论纷争与融合[J]. 现代管理科学, 2007, (3) 50-52.

[51] 程兆谦, 徐金发. 资源观理论框架的整理[J]. 外国经济与管理, 2002, (7): 6-13.

[52] 杨丽伟. 供应链企业协同创新的内部影响因素研究[J]. 中国市场, 2011, (15): 55-56.

[53] 徐敏燕, 左和平. 资源型产业集群内企业协同演化博弈分析[J]. 企业经济, 2012, (10): 73-75.

[54] 顾保国, 方晓军. 基于协同力的企业集团共有资源配置分析[J]. 唯实, 2004, (7): 20-23.

[55] Watts M. Collaborative implementation network structures: cultural tourism implementation in an English seaside context[J]. Systemic Practice and Action Research, 2009, 22(4): 293-311.

[56] Giurco D. Developing industrial water reuse synergies in port melbourne: cost effectiveness, barriers and opportunities[J]. Journal of Cleaner Production, 2011, 19(8): 867-876.

[57] 覃刚力, 柴跃庭, 杨家本. 企业协同机理研究[J]. 哈尔滨工业大学学报, 2007, 39(12): 2009-2013.

[58] 熊励, 武同青, 刘文. 区域物联网产业协同发展演化及策略[J]. 华东经济管理, 2012, 26(1): 23-26.

[59] 刘璟, 陈恩, 冯杰. 区域产业协同发展及空间布局分析——以深惠莞为例[J]. 产经评论, 2012, 3(6): 28-42.

[60] 钟远平, 王冰松. 通向可持续发展的协同进化理论研究进展[J]. 生态经济, 2009, (12): 60-63.

[61] 祁中华. 煤炭行业产业结构调整研究[J]. 能源技术与管理, 2008, (4): 131-133.

[62] 梁姗姗. 基于产业集中度的中国煤炭产业结构优化研究[J]. 中国矿业大学学报(社会科学版), 2009, 11(2): 85-88.

[63] Martin M. Production synergies in the current biofuel industry: opportunities for development[J]. Biofuels, 2012, 3(5): 545-554.

[64] Al F K, Mavridis N, Atif Y. Social Networks and Recommender Systems: A world of current and future synergies, in computational social networks[M]. Berlin: Springer Publisher, 2012.

[65] Min Z. Collaborative degree measure model and empirical research of independent innovation motives system among enterprises[J]. Journal of Industrial Technological Economics, 2011, (5): 10-13.

[66] Kenaszchuk C. Validity and reliability of a multiple-group measurement scale for interprofessional collaboration[R]. BMC health services research, 2010.

[67] Knox L. The shock of the new: students' perceptions of a collaborative degree[J]. Innovations in Education and Teaching International, 2000, 37(2): 87-96.

[68] 陶长琪, 陈文华, 林龙辉. 我国产业组织演变协同度的实证分析——以企业融合背景下的我国 IT 产业为例[J]. 管理世界, 2007, (12): 67-72.

[69] 兰卫国, 张永安, 杨丽. 基于协同度模型分析的企业多元化协同研究——以美的为例[J]. 软科学, 2009, (8): 140-144.

[70] 郑重阳. 工业化发展阶段视角下三次产业协同发展实证研究[J]. 商业时代, 2011, (36): 98-99.

[71] 杨皎平, 张满林. 辽宁沿海经济带港口与临港产业园区协同度分析[J]. 经济研究参考, 2013, (27): 36-41.

[72] 李智. 煤炭企业发展多元化与产品多元化探讨[J]. 消费导刊, 2008, (8): 32-34.

[73] 张永国, 宗科. 煤炭集团协同发展研究[J]. 矿山机械, 2006, (11): 40-42.

[74] 袁迎菊, 张建公, 王林秀. 基于协同创新的矿区资源配置模式[J]. 煤炭与化工, 2013, (6): 12-15.

[75] 科斯. 企业的性质[M]. 陈郁, 译. 北京: 科学出版社, 2007.

[76] 黄永年, 姚晶. 具有种内互惠作用的 Lotka-Volterra 互惠共存模型[J]. 宁波大学学报(理工版), 2003, 16(3): 217-220.

[77] 陈育庭. 中学各科学习系统自组织现象及序参量[J]. 系统工程理论与实践, 1998, 18(4): 126-130.

[78] 林成森. 数值计算方法[M]. 北京:科学出版社, 1999.

[79] 刘思峰, 谢乃明. 灰色系统理论及其应用[M]. 北京:科学出版社, 2007.

[80] 杨强, 汪波, 吕荣胜. 企业多元化战略的动因及其风险分析[J]. 北京交通大学学报:(社会科学版), 2008, 7(3): 85-88.

[81] Allen L, Jagtiani J. The risk effects of combining banking, securities, and insurance activities[J]. Journal of Economics and Business,2000,52(6):485-497.

[82] 蓝海林, 宋铁波, 曾萍. 情境理论化:基于中国企业战略管理实践的探讨[J]. 管理学报, 2012, 9(1): 12-17.

[83] Chen S S, Ho K W. Corporate diversification, ownership structure, and firm value: the Singapore evidence[J]. International Review of Financial Analysis, 2000,9(3):315-326.

[84] Campa J M, Kedia S. Explaining the diversification discount[J]. Journal of Finance, 2002,57(4):1931-1962.

[85] Villalonga B. Diversification discount or premium? New evidence from the business information tracking series[J]. Journal of Finance, 2004,59(2):479-505.

[86] Glaser B G, Strauss A L. The Discovery of Grounded Theory: Strategies for Qualitative Research[M]. Chicago: Aldine, 1967.

[87] Woods P. Symbolic Interactionism: Theory and Method. Handbook of Qualitative Research in Education[M]. San Diego: Academic Press, 1992: 121-189.

[88] Hesth H, Cowley S. Developing a grounded theory approach: a comparison of Glaser and Strauss [J]. International Journal of Nursing Studies,2004,41(2): 141-150.

[89] Strauss A L, Corbin J M. Basics of Qualitative Research: Techniques and Procedures for Developing Grounded Theory [M]. Los Angeles: Sage Publications, Inc, 1990: 1-45.

[90] 陶厚永, 李燕萍, 骆振心. 山寨模式的形成机理及其对组织创新的启示[J]. 中国软科学, 2010, (11): 123-135.

[91] 李志刚, 李兴旺. 蒙牛公司快速成长模式及其影响因素研究——扎根理论研究方法的运用[J]. 管理科学, 2006, 19(3): 2-7.

[92] 张敏, 黄继东. 政治关联、多元化与企业风险——来自我国证券市场的经验证据[J]. 管理世界, 2009, (7): 56-64.

[93] 吴晓波, 裴珍珍. 高技术产业与传统产业协同发展的战略模式及其实现途径[J]. 科技进步与对策, 2006, (1): 50-52.

[94] 支燕, 白雪洁. 中国汽车产业的协同演进特征及协同度提升策略[J]. 中国工业经济, 2011, 7(280): 76-85.

[95] 刘耀彬, 李仁东, 张守忠. 城市化与生态环境协调标准及其评价模型研究[J]. 中国软科学, 2005, (5): 144.

[96] 张远, 李芬, 郑丙辉, 等. 海岸带城市环境——经济系统的协调发展评价及应用[J]. 中国人口•资源与环境, 2005, 15(2): 53-54.

[97] 张妍, 杨志峰, 李巍. 城市复合生态系统中互动关系的测度与评价[J]. 生态学报, 2005, 25(7): 1736-1737.

[98] 唐晓波, 黄圆媛. 协同学在供应链协同中的应用研究[J]. 情报杂志, 2005, (8): 23-25.

[99] 陈甲华, 邹树梁, 刘兵, 等. 基于价值链的战略聪明协同效应评价指标体系与模糊综合评价[J]. 南华大学学报(社会科学版), 2005, 6(3): 46-49.

[100] 阎颐. 大物流工程项目类制造系统供应链协同及评价研究[D]. 天津: 天津大学, 2007.

[101] 王鹏. 精细化工企业协同战略构建研究[D]. 天津: 天津大学, 2011.

[102] 王传民. 县域经济产业协同发展研究[D]. 北京: 北京交通大学, 2006.

[103] 彭志忠. 县域经济产业协同成熟度分析与研究[J]. 山东大学学报(哲学社会科学版), 2006, (2): 99-105.

[104] 卡普兰, 诺顿. 组织协同[M]. 博意门咨询公司, 译. 北京: 商务印务馆, 2010.

[105] Campbell A, Goold M. Synergy: Why Links Between Business Units Often Fail and How to Make Them Work[M]. London: Capstone, 1998.

[106] Kanter R M. When Giants Learn to Dance[M]. New York: Simon & Schuster, 1989.

[107] Leslie E, PalichL B, Cardinal C. Curvilinearity in the diversification-performance linkage: an examination of over three decades of research[J]. Strategic Management Journal, 2000, (2): 45-65.

[108] 张翼, 刘巍, 龚六堂. 中国上市公司多元化与公司业绩的实证研究[J]. 金融研究, 2005, (9): 122-136.

[109] 秦拯, 陈收, 邹建军. 中国上市公司的多元化经营与公司治理结构[J]. 管理学报, 2004, (2): 134-138.

[110] 孙维峰. 制造业上市公司国际多元化的经济效应研究[D]. 杭州: 浙江大学, 2013.

[111] 赵凤, 王铁男, 张良. 多元化战略对企业绩效影响的实证研究[J]. 中国软科学, 2012, (11): 111-122.

[112] 姚俊, 吕源, 蓝海林. 我国上市公司多元化与经济绩效关系的实证研究[J]. 管理世界, 2004, (11): 119-125.

[113] Ansoff H I. Strategies for diversification[J]. Harvard Business Review, 1957, 35(5): 113-124.

[114] Li X, Rwegasira K. Diversification and the internal capital market building motive in China[J]. Journal of Transnational Management, 2010, 15(2): 103-116.

[115] Guthrie D. Between markets and politics: organizational responses to reform in China 1[J]. American Journal of Sociology, 1997, 102(5): 1258-1304.

[116] Khanna T, Palepu K. Why focused strategies may be wrong for emerging markets[J]. Harvard Business Review, 1997, 75(4): 41-48.

[117] Lee K, Peng M W, Lee K. From diversification premium to diversification discount during institutional transitions[J]. Journal of World Business, 2008, 43(1): 47-65.

[118] Rumelt R P. Strategy, structure, and economic performance[J]. Journal of Behavioral Economics, 1974, (75): 91-92.

[119] Alesón M R, Escuer M E. The impact of product diversification strategy on the corporate performance of large Spanish firms[J]. Spanish Economic Review, 2002, 4(2): 119-137.

[120] Teece D J. Towards an economic theory of the multiproduct firm[J]. Journal of Economic Behavior & Organization, 1982, 3(1): 39-63.

[121] Peters T, Waterman R. In Search of Excellence: Lessons from America's Best-run Corporations[M]. New York: Warner, 1982.

[122] Goold M, Luchs K. Why diversify? Four decades of management thinking[J]. The Academy of Management Executive, 1993, 7(3): 7-25.

[123] Panzar J, Willig R. Economics of scale and economies of scope in multi output production[J]. Bell Laboratories Economic Discussion Paper, 1975.

[124] Roquebert J A, Phillips R L, Westfall P A. Markets vs. Management: what drives profitability [J]? Strategic Management Journal, 1996, 17(8): 653-664.

[125] 马歇尔. 经济学原理[M]. 陈良璧, 译. 北京: 商务印书馆, 1964.

[126] 钱德勒. 企业规模经济与范围经济[M]. 张逸人, 译. 北京: 中国社会科学出版社, 1999.

[127] Teece D J. Economies of scope and the scope of the enterp rise [J]. Journal of Economic Behavior and Organization, 1980, (3): 223-247.

[128] Panzar A. Technological Determinants of Firm and Industry Structure[M]. Amsterdam Elsevier Science Publishers B. V., 1989.

[129] 陈向东. 企业衍生经济模式与规模经济模式比较及其发展战略[J]. 中国软科学, 2003, (5): 40-46.

[130] Bailey E E, Friedlaender A F. Market structure and multiproduct firms[J]. Journal of Economic Literature, 1982, 20(3): 1024-1048.

[131] Baumol W J, Panzer J C, Willig R D. Contestable Markets and the Theory of Industry Structure [M]. San Diego: Harcourt Brace Jovanovich Publishers, 1988.

[132] Sumit K M. The impact of size and age on firm-level performance: some evidence from India [J]. Review of Industrial Organization, 1997, (12): 231-241.

[133] Aw B Y, Batra G. Firm size and the pattern of diversification[J]. International Journal of Industrial Organization, 1998, 16(3): 313-331.

[134] 谢获宝, 张俊飞. 业务集中度与企业绩效关系的实证研究[J]. 中国工业经济, 2007, (9): 87-95.

[135] 范建双, 李忠富. 中国上市建筑企业规模经济和范围经济的实证研究[J]. 数量经济技术经济研究, 2009, 26(2): 47-59.

后　记

本书是在我的博士论文基础上修改完成的。感谢导师刘晓君教授的精心指导，使我如期完成相关研究工作。

时光流淌，逾 20 年的行业实践，见证了煤炭行业由计划到市场，由分散到集中；经历了煤炭企业由生产型发展为集团化运营，由单一产业发展为多元产业。自身工作也由工程技术岗位转向了经营管理。岗位转换伴随实践与学习的交织，对理论与实践相结合有了依赖，也使我的知识结构和工作业务不断拓展。2000 年进入西安交通大学学习工商管理，2010 年又到西安建筑科技大学学习工程经济与管理，从而使自己走过了一条实践、学习、再实践、再学习，理论指导实践、实践促进思考的循环沉淀之路。

正是这样实践与理论学习的交替，自己也逐步形成了从现象探本质、从案例找规律、从分散找关联的惯性思维，每一阶段全新的系统学习中，都以一种全新的视角和模式，尝试着重新回顾经历、看待工作、思考经济、品味管理、定位人生，导师谦和的态度、渊博的知识、严谨的治学风格让我肃然起敬。在我将伴随工作的疑惑付诸学术研究的进程中，导师一次次为我校正方向，既指导我拓展视野，又帮我合理聚焦，化繁为简，给我以启迪。见贤思齐，从导师身上我不仅学到了学术研究的方法，更学到了科学的精神，坚定了我从事产业经济与企业管理的兴趣与信心。"高山仰止，景行行止，虽不能至，然心向往之"。

感谢陕西煤业化工集团十余年跨越发展赋予的机遇，感谢华炜和杨照乾两任董事长及相关领导创造的实践平台，感谢战略规划和企业管理业务合作团队。机遇、实践、团队的融合，使我亲历了数十项并购重组和产业整合，全程推进并实现陕西煤业进入资本市场。正是这密集大量的实践，以及人员组合更替，促使我在研究个性、关注环境的同时，拟通过究关联、找规律、寻方法，达到集成模式、培养队伍、提高效率，更好地服务于发展。本书是近年来的实践、学习、研究的一次集成。

感谢在工作学习研究过程中给予我指导帮助支持的老师、同事、同学和朋友，特别是数据处理等方面给予的指导和帮助，既丰富了论文研究思路，又提升了研究质量，更使我学到了做学问的方法。感谢学习研究中参阅、引用系列资料文献的学者，使我有幸站在巨人的肩膀上探知解惑。

向我的家人致以深深的谢意。感谢父母多年的养育之恩，感谢兄弟姐妹一贯的理解支持；感谢爱妻赵会朋，在紧张忙碌时不忘学习研究的提示，在工作学习两难兼顾困惑时，以自己的行动包涵、理解、支持，为我分忧；感谢爱女孙瀚祺，在一同伏案时的相互鼓励，激发内心努力成为示范的一种力量。正是这种报答、回馈、示范的合力，使我坚持不懈，知难而进。

当前经济进入新常态，煤炭行业步入新一轮低谷，以传统煤基产业为主业的大企业集团面临诸多挑战，通过并购重组和产业整合形成的产业结构和集团体制，既经受着考验，也寄予着厚望。愿本书相关内容能为多元产业集团优化产业结构提供帮助，能为多元产业集团协同运营提供支持。